1分見るだけで頭が劇的によくなる　瞬読式ノート術

瞬讀筆記術

瞬讀有限公司代表董事
山中惠美子◎著

游念玲◎譯

晨星出版

你現在
正在使用
什麼樣的筆記呢？

如果是像下一頁那樣
由純文字組成，
沒有色彩的「左腦筆記」，
那就無法發揮出涵蓋
人類95％潛能的「右腦之力」。

「左腦筆記」會掩蓋你本有的能力

沒有好好整理思緒

思考不夠深入

理解力下降

馬上就忘記

無法加以活用

降低學習慾望

不能思考複雜的事情

無法有效傳達內容

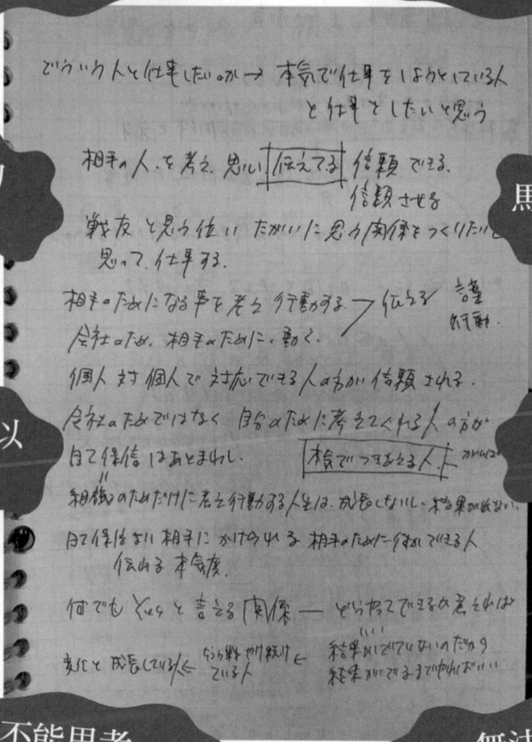

製作「右腦筆記」

刺激右腦

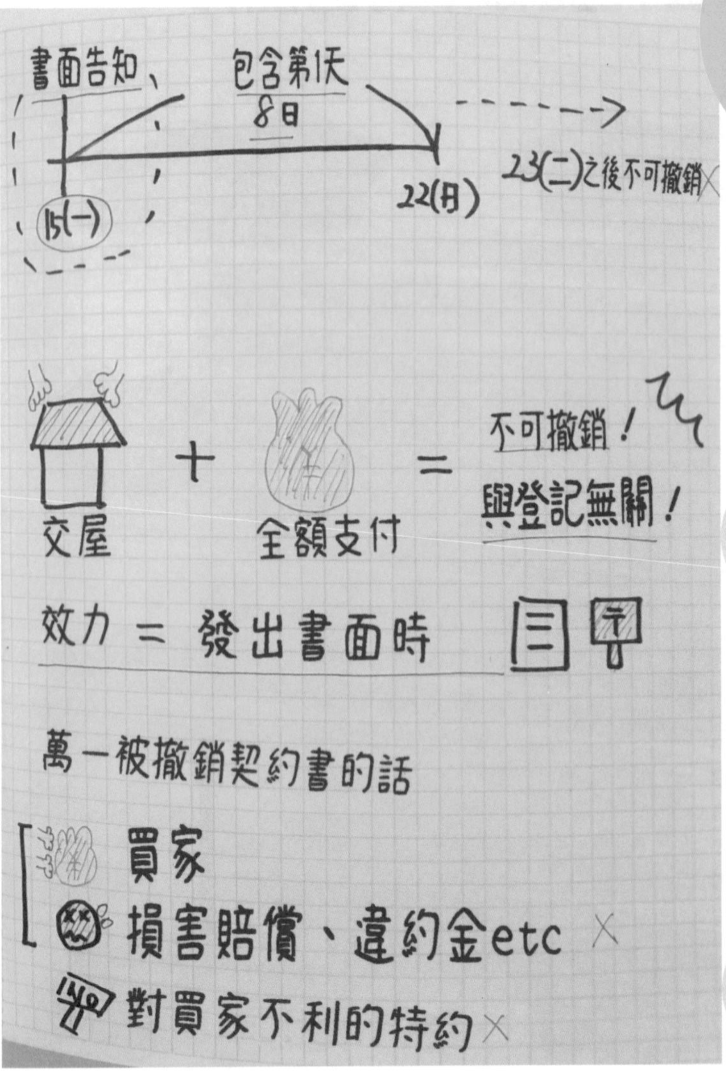

記憶力UP

溝通力UP

「瞬讀式筆記術」STEP1：

想像力UP

思考力UP

發想力UP

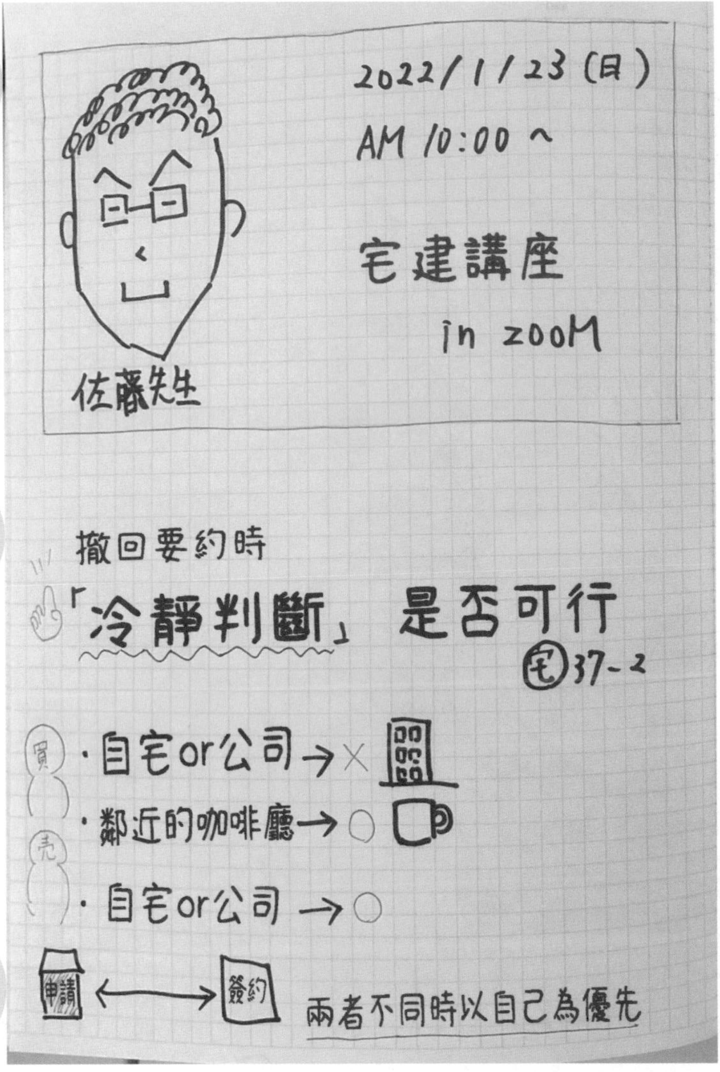

一秒一頁的「瞬讀」複習

更進一步
刺激右腦

判斷力
UP

即時
應對力
UP

「瞬讀式筆記術」STEP2：

思考速度 UP

直覺力 UP

專注力 UP

圖片來源：gbbot/shutterstock.com

改變筆記方式
→使右腦接受刺激
→有三萬人因此而改變了人生！

我能回想起99%的書中內容。（50多歲・男性）

我能夠專注聆聽別人說話了。（30多歲・女性）

我能夠在一瞬間回答別人的提問。（30多歲・男性）

我能夠清楚說出書中想傳達的概念。（30多歲・女性）

大腦中的天線增加，
資訊紛紛自動進入腦中。（60多歲・男性）

瞬間就能做出投資的判斷（40多歲・女性）

原本要準備3個小時的資料，
現在15分鐘就完成了。（30多歲・男性）

面對龐大的判決資料，
在瞬間就能抓住要點。（40多歲・女性）

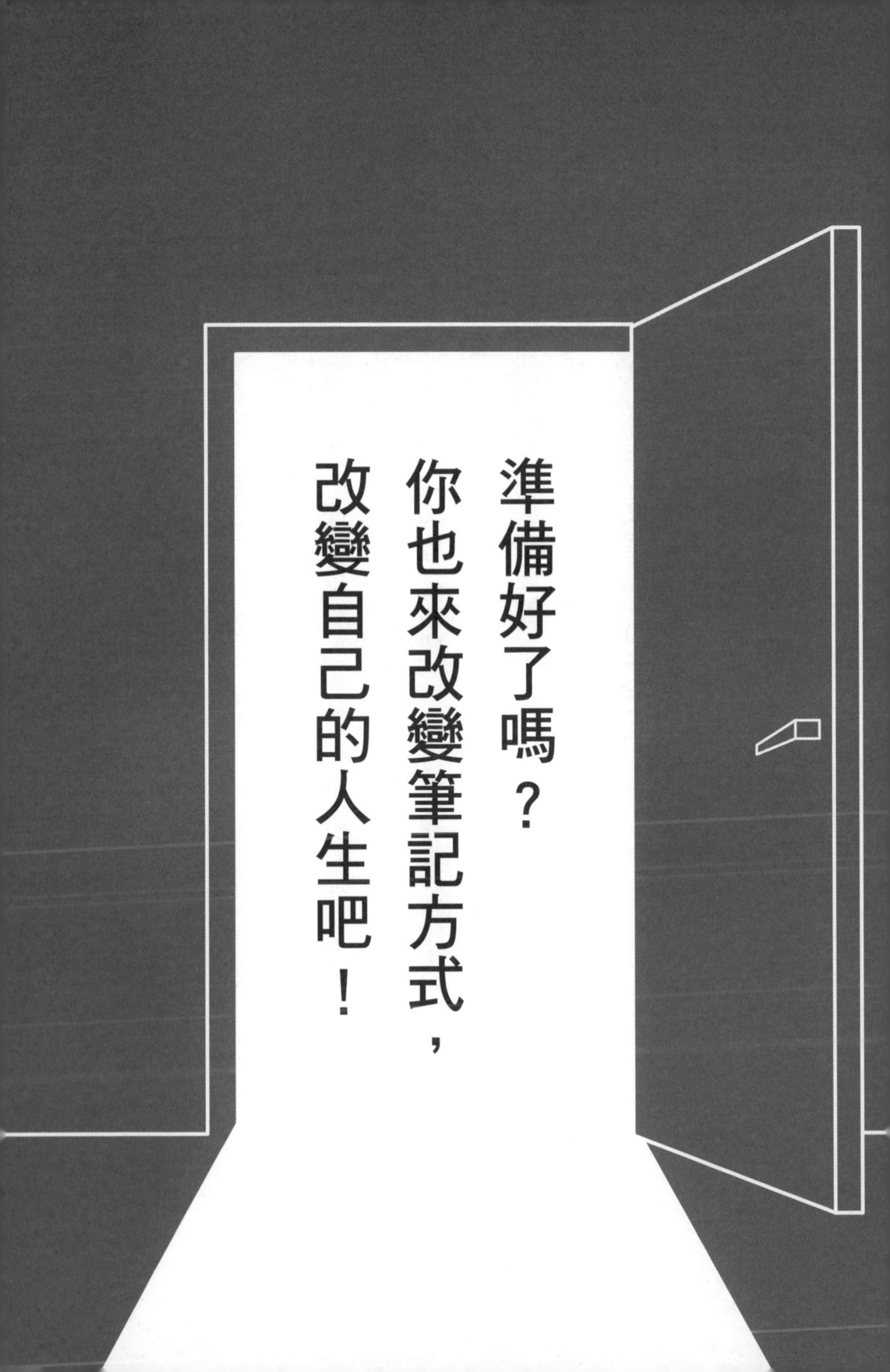
準備好了嗎？
你也來改變筆記方式，
改變自己的人生吧！

前言

瞬讀式筆記術，就是所謂的「致勝筆記」。

只要了解這種方法，關於寫筆記的一切煩惱，可說全都迎刃而解了。

2018年11月，**我出版了《瞬讀》一書，這本書很快就銷售破十萬本，成了暢銷書**。「瞬讀」是「速讀」的一種形式，意指以極快的速度閱讀，但又和過去人們所知道的速讀方法有著全然不同的性質。

一般的速讀，是訓練人們快速讀取書中的文字，但**我提倡的「瞬讀」並非閱讀文字，而是「以圖像的方式讀取書中的內容」**。

一開始有許多人做不到。

但只要心裡打定主意要「以圖像讀取內容」，並以固定的速度翻閱書頁，任何人都能在不知不覺間學會這種方法。甚至有人可以用3分鐘的時間讀完一本約200頁的書。

瞬讀的特徵，便是「自然而然在腦海中牢記99%的內容」。

之所以能記住讀過的內容，是因為瞬讀是一種包含了輸出步驟的方法。

有過教學經驗的人應該能理解我的意思，「自己了解」是一回事，但要「讓別人了解」自己知道的內容，那又是另一回事，兩者間隔著很大的差距。

如果自己一個人理解就足夠的話，那麼即使認知上有些模稜兩可也沒關係，大致上能夠理解就行了。可是，一旦要教導他人，自己的理解度就必須要大幅往上提升。因為在精準度不高的情況下，對方是無法理解的。

讓第三者清楚了解自己學會的內容，過程中也能鞏固自己的知識，這正是輸出的好處。

我有許多「瞬讀」的學員，會向家人、朋友分享自己從書中學習的事物或讀書心得，利用這種方式達來到輸出的目的。

然而，很感恩由於《瞬讀》一書的熱銷，有愈來愈多讀者嘗試瞬讀，並紛紛向我提出反饋：「希望知道有效的輸出方法」。

對此，我的提案便是教讀者如何寫筆記，為自己做過瞬讀的書進行輸出。

這就是「瞬讀式筆記術」。

透過「自身的過濾篩選」，成就最強的輸出法！

當初為了瞬讀而做的閱讀筆記，後來拓展了應用範圍，在參加講座、學習、記憶時都能夠派上用場，而且成效斐然。

本書便將上述的筆記法，綜合整理成一套「瞬讀式筆記術」。藉由瞬讀式筆記術，將以下種種情境轉換成圖像，再以插圖或短文的形式表現出來。

- **參加講座時學習到的內容。**
- **自己在學習時產生的弱點。**
- **想記住的內容。**
- **讀書心得。**

為了達到這個目的，我們要不斷地詢問自己：「我有什麼想法？」、「我如何理解這件事？」，透過自身的過濾篩選來獲取需要的內容。

此時，如何在眾多資訊當中進行取捨，這正是我們所需具備的資訊處理能力。

這整個過程的關鍵在於「自身的想法與價值觀」，因此也能訓練我們「提出個人答案」的能力。

瞬讀式筆記術之所以能讓人輕鬆記憶，是因為我們會以簡單易懂的形式來輸出自己的答案。這就是瞬讀式筆記之所以是最強輸出法的理由。

持續練習最強的輸出法，人人都會發生巨大的變化。我們的想法和價值觀將變得愈來愈明確，自然而然便會依循這種方式生活。由於將重點擺在「自己」身上，因此不容易被旁人的一言一行所左右。說出口的話語也清楚明瞭，具有高度的訊息性，能夠吸引大家的關注。

藉由瞬讀式筆記術，我們會經常想像該如何用圖像來表達自己的想法，因而養成思考的習慣，這麼一來，想像力自然變得愈來愈豐富，**人生也將愈來愈順遂。**

「瞬讀式筆記術」能引發右腦的潛力

鍛鍊圖像能力之後，大腦便會出現顯著的變化——「右腦的活化」。

我們的大腦，可分為掌管邏輯、語言、計算能力的左腦，以及掌管情緒、直覺、綜合判斷力的右腦。從前的教育方式，始終著重於鍛鍊左腦，並不重視右腦的發展。然而，透過許多研究可知，其實右腦的發展才是引發潛能的一大關鍵。

以圖像化為主軸的瞬讀式筆記術，無疑是促進右腦發達的絕佳材料。

當我們為了寫瞬讀式筆記而有意識地將思考內容繪製成圖像時，過去未曾覺察到的某些能力便會逐漸展現出來。

只花一分鐘閱讀，就能全方位提升能力

利用瞬讀式筆記術寫下的筆記，只記錄必要的重點，相當簡潔明瞭，因此，我們僅需快速地翻閱，就能充分達到複習的目的。

寫筆記的過程中，我們便能記住自己所需的資訊，而藉由短時間的複習，更進一步加強記憶力，將資訊牢記在心中。

瞬讀式筆記的做法本來就是對右腦的訓練，在反覆訓練的過程中，許多人都察覺到自己的能力不知不覺地往上提升了。

以下就讓我向各位介紹一些案例。

判斷力：我投資股票時有了更準確的判斷力！原本每個月的收益只有2～3萬日圓，自從開始做瞬讀式筆記術後，收益便提高到10～20萬日圓（40多歲・女性）。

記憶力：我正在準備證照考試，本來以為自己年紀大了，很難記住考試內容，開始做瞬讀式筆記之後，便能夠將學到的資訊牢記在腦海中（60多歲・男性）。

想像力：自從開始進行瞬讀式筆記術後，每讀完一本書，就能將腦海裡描繪的圖像直接輸出到筆記本上，我的想像力也變得更加多采多姿（50多歲・男性）。

專注力：我從事文章寫手的工作，但在採訪過程中總是拼命地抄寫筆記，經常忘了接下來要詢問受訪者的問題。自從我開始採用瞬讀式筆記術，便逐漸學會如何抓重點，也具備了輸出能力，我運用簡單的插圖和簡短的文字就能完成採訪筆記，因此更能專注進行採訪（30多歲・女性）。

應變能力：我是一名護理師。我的煩惱，就是在病人對我說話時無法立即反應過來，也沒辦法向新進護理師好好地傳達自己想說的話。瞬讀式筆記術使我有了想像力，逐漸懂得如何從對方的言語、態度中做出立即的回應（40多歲・女性）。

思考力：我曾被選為裁判員而前往法院協助，必須解讀錯綜複雜的案件資料。當其他人紛紛陷入苦戰時，由於我平常就會運用瞬讀式筆記術，因此整理資料不過是小事一樁。多虧資料整理得又快又好，我才能對案件進行詳細而深入的思考（40多歲・女性）。

概括能力：我是一名臨床心理師。和個案進行諮商時，即使我做了筆記，後來也幾乎都會忘的一乾二淨，但開始採用瞬讀式筆記術之後，每當我翻開筆記本的剎那間，就會想起諮商時的情景（40多歲・女性）。

不會畫圖也無須擔心！

一談到要「將腦海中的圖像畫出來」，有些人便不安地說：「我完全不會畫畫……這樣是不是沒救了？」內心感到消極沮喪。不用擔心，瞬讀式筆記術所描繪的圖片，從頭到尾都是為了幫助自己理解、記憶，毋需拿給別人檢視。**因此，「只要自己看得懂就行了！」**。

基本上這是自己要看的筆記，就算借用別人的圖片也沒問題。只要靈活運用簡單的圖標或手機上的貼圖，立刻就能完成一份有趣的筆記。

此外，瞬讀式筆記術的規則是「不刪除」，這點之後會向各位詳細說明。大家或許都有這樣的經驗，對於自己「出錯的部分」，是否反倒記得更清楚呢？

這是因為犯錯時的情景會深深烙印在記憶裡的緣故。因此，筆記上的插圖沒必要畫得很完美，即使出錯也無妨，這非但不妨礙學習，反而會使我們的印象更加深刻。

接下來，就讓我來介紹這套有趣又實用的「瞬讀式筆記術」吧！

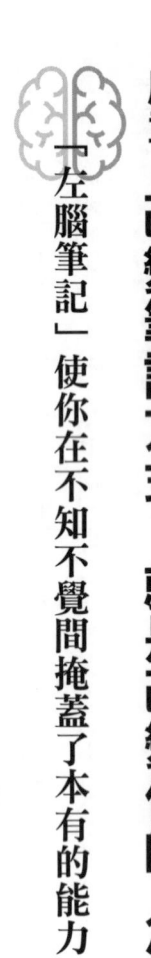

利用「瞬讀式筆記術」喚醒沈睡中的右腦——054

第2章 圖像化×色筆＝牢記99％的內容 「右腦筆記術」——117

第3章 一秒看一頁，光用眼睛就能複習「瞬間記憶法」

序章

改變筆記方式，
就是改變你的人生！

「左腦筆記」使你在不知不覺間掩蓋了本有的能力

「出色的筆記＝工整的筆記」是個大誤解

似乎有許多人認為，寫筆記就該有所謂「固定的樣式」。當我進一步詢問何謂「固定的樣式」時，得到的答覆是「工整的筆記」、「盡可能寫下必要資訊的詳細筆記」。

於是我繼續追問：「這樣的筆記，是否有助於你的學習？」對方的回覆卻是：「沒有，寫得再多我也記不住，說不上有幫助。」這樣的答案令我難以置信地睜大眼睛。

寫得整齊漂亮想必需要相當的努力，也花了不少時間吧，煞費苦心才完成的筆記，結果卻派不上用場、無助於學習，這是什麼原因呢？

為何會造成這種情況？

我認為，原因出在中小學時期的教育上。

關於如何做筆記，大家是否都聽過下面這句話？

「你要把老師寫在黑板上的內容，全部都工整地抄入筆記本裡。」

不僅如此，學校還要求你必須繳交自己的筆記本；而檢查筆記的重點，自然是擺在「字跡是否工整漂亮？」、「板書的內容是否全都抄寫下來了？」如果把教科書裡的內容仔仔細細地抄寫在筆記本裡，有時還會得到額外的讚賞。

如此努力才完成的筆記，當中抄寫的內容你是否全都能記在腦袋裡？你是否真的覺得這份筆記有助於學習知識？

令人遺憾的是，大多數的人都不這麼認為。

因為那是接受他人的指示、要求才做的筆記，內容並非用自己的話、自己對事物的印象和理解寫成。

換句話說，那樣的筆記並不是自己的筆記，而是「應他人的要求而做的筆記」。明明是佔用了自己的時間、由自己親手寫出的內容，結果竟然不是自己的東西，而是「他人的筆記」……實在令人無比錯愕呀！

寫筆記的方法因人而異，這再正常不過。

筆記本來就不應該有所謂正確的寫法。

筆記的正確與否並非由筆記的寫法決定，而是取決於這份筆記是否有助於自己的學習，並在之後持續派上用場。

即便筆記本上寫得髒兮兮，讓其他人看得莫名其妙，但只要有益於自己的學習，能夠幫助自己累積知識，那就是一份「正確的筆記」。可是，如果筆記寫得乾淨整齊卻不能讓自己穩定學習，拼命抄寫的結果卻是完全派不上用場，那就是一份「錯誤的筆記」。

人人各有不同的筆記方法，這是理所當然的事。

請大家想一想，我們每一個人都是全然迥異的個體，臉蛋、身材、姿態各有差異，所累積的經驗和知識量也都有所不同。

面對全新的知識和經驗，人往往會利用自身累積至今的知識與經驗加以解釋，以此獲取新的知識和經驗。

由於每個人原本的知識和經驗並不相同，因此對新知的解釋與接受方式也就有所差異。

把對新知的「解釋」、「接受方式」記錄下來並保留在記憶裡，這正是筆記的功能。

因此，寫筆記的方式當然會因人而異。**即使大家都上同一堂課，參加同一場講座，在同一個時間寫筆記，但由於每個人的背景不同，所寫下來的內容應該也會不一樣。**

然而，實際情況又是如何呢？

筆記的寫法本來就不該由別人強行決定為「固定的樣式」，儘管如此，你是否在成年以後仍然延續孩童時代的經驗，認為筆記必須要有「固定的樣式」，並深以為然呢？

左腦與右腦分別具備不同的機制

像這種具有「固定樣式」，以先入為主的觀念寫成的筆記，我稱之為「左腦筆記」。

為何要稱為「左腦筆記」呢？且讓我對大腦的機制娓娓道來。

人類的大腦可以被分為左右兩邊，右邊稱為右腦，左邊稱為左腦。右腦和左腦之間由一條名為胼胝體（Corpus Callosum）的神經纖維連結。

右腦控制人體的左半邊，左腦則控制人體的右半邊。

此外，雖然左撇子和右撇子的優勢區塊有所不同，但語言中樞所在的那一側大腦即稱為「優勢半球」，而另一側則稱為「劣勢半球」。

目前認為，右撇子的優勢半球在左腦，左撇子的優勢則占左右腦各半。

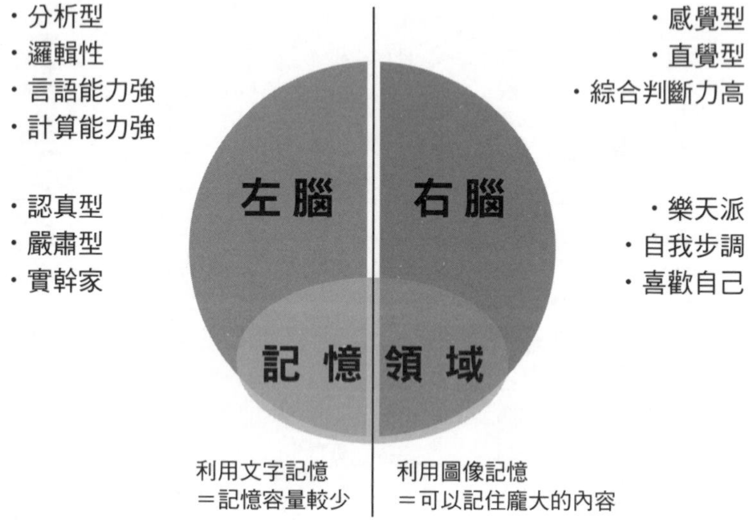

▲ 圖表 1　右腦與左腦

大腦的機制相當複雜，至今仍有許多未解的謎團，但大多數的右撇子其掌控語言的語言中樞都位於左腦，由此可知，左腦與右腦分別扮演著不同的角色。

比方說，語言中樞所在的左腦，其主要任務便是負責我們的邏輯思考。因此，當我們需要進行語言或計算等具邏輯性的思考時，就會交由左腦處理。

另一方面，**右腦主要掌管人類的情感，並擁有想像力和圖像能力，負責接收外部的刺激並給予情感回應。**

當我們區分不同人的特質時，有時會稱他們為「左腦人」或「右腦人」，所謂的左腦人就是做事講求邏輯的人，而右腦人則是想像力豐富的人。

一般而言，「左腦人」會讓人聯想到認真嚴肅的實幹家，而「右腦人」則給人想像力豐富、自由自在的印象。

記憶力也和左右腦有關係。不過，左腦的記憶容量並不大，右腦才能做到大量且深刻的記憶。

這裡舉個稍微極端的例子，假設有人想要盡可能背下圓周率，背得愈詳細愈好。在2021年這個時間點，圓周率就已經被計算到62兆8000億個位數了。假設你很努力地記下了50個位數，那又能持續記憶多久呢？光記住表面的數字，無法形成牢固的記憶。

然而，有些人卻能「以圖像的方式來記憶」數字。據說這些人可以在一小時之內記住 1000 個位數以上的數字，這就是右腦記憶令人驚嘆之處。

前者僅使用左腦記憶，但「只記住表面上的數字，實則容易遺忘」；相較之下，後者活用右腦記憶，「以圖像的方式來記憶數字」，這才能發揮無限的潛力。

右腦記憶會深刻留存在心裡

讓我再仔細說明一下右腦記憶。

請各位試著回想自己印象最深刻的兒時記憶。

現在，你的腦海裡是否浮現出自己與其他人當時的模樣和情景？也許有些人還能感受到當時的氛圍和周遭的氣味。

——在湛藍的晴空下那微帶涼意的日子、梅雨季時潮濕的榻榻米與混濁的空氣交織而成的氣味……甚至連花朵的香氣和蒸騰的熱氣都能真實感受到。

就像這樣，將留存在心底的回憶化為腦海中的影像，宛如真實發生般地歷歷在目，這便是源自於右腦所掌管的「圖像能力」。

很久以前，當你還是個孩子時，對於當時所發生的事情產生了強烈的情緒，因此便在掌管情感的右腦中形成了深刻的記憶，歷經數十年仍難以忘懷。

人們使用「情緒」二字時，往往帶著否定的語氣，例如「情緒化的人」、「變得情緒化」等等。在實際的工作場合中，我們也必須克制自己，不能事事都受到情緒的擺弄。

因此，我們很容易就會掩蓋自己的情緒，但從大腦機制的觀點來看，當情緒發生強烈的搖擺時，當下的記憶才會變得更加牢固。

這就是右腦記憶的奧祕。

所以，從前令自己印象深刻的事情，無論時間經過多久都能回想起來，記憶鮮明；但是，為了考試而勉強自己背下來的數學公式、歷史年表，卻多半在考試結束後便立刻忘得一乾二淨。

這是因為後者的記憶是由左腦所掌控的數字和文字所形成的記憶。為了考試而不得不背誦的數學公式和歷史年表，屬於「理性」、「知性」的記憶，很難伴隨著強烈的情緒。

由此可知，相較於右腦記憶，左腦記憶顯得較為淺層。

在「左腦教育」下成長的人不可能擺脫「左腦筆記」

在日本，人們一向認為累積知識和記憶即能達成良好的教育，這就是所謂的「左腦教育」。

除了極少數的例外，幾乎每一所學校的教育方式都是背誦教科書，只要認真背下老師在課堂上說過的內容，就可以取得好成績。

考試題目也多半都有正確答案，幾乎沒有題目需要運用到想像力，更遑論培養孩子的思考力。

在這種教育環境下通過了國中會考和大學入學考試的孩子，自然也就傾向利用左腦來做筆記。

由於不是靠自己的力量將腦中思考的事物進行統整，所以不管多麼努力地花費大量的精力和時間寫筆記，也無法內化為自己的東西。

我所擔憂的是，很多人可能會不假思索便接受「左腦筆記」，從而掩蓋了自身可能發揮出的潛力。

左腦只能發揮出大腦百分之五的潛力

大家是否聽說過「顯意識」和「潛意識」這兩個名詞？

所謂的顯意識，就是能自我覺察到的意識。依照自己的意思對事物進行思考與判斷，而且整個過程自己都很清楚明白，這就處於「顯意識下的狀態」。

例如想著：「晚上十點我就要上床睡覺！」、「來學英語吧！」之類的念頭。

此外，許多人對自己設限時，腦海中隱約會有「無論我再怎麼努力也只能做到這個程度」的想法，這也是顯意識所形成的念頭。

另一方面，**潛意識意指自己覺察不到的意識。**例如在自己的意識當中感受不到的情緒或感覺、記憶、想像力、直覺等等都屬於此類。

例如騎腳踏車時，大家應該不太可能會在心裡想著：「接下來左腳往下踩，右腳往上抬。」

假設整體意識的範圍為100%，那麼顯意識所占的範圍僅有5%，剩下的95%都由潛意識獨佔。

人們經常說「提高潛力並靈活運用，就能開拓幸福的人生」，便是因為潛意識的範圍非常廣闊的緣故。潛意識的範圍可說是「潛力範圍」的同義詞，占有大腦中95%的潛力。

我們每天都在使用大腦，工作時大腦會全力運轉，更要處理人際關係，一整天下來往往令人感到非常疲憊。

儘管如此，如果知道自己累得筋疲力盡卻只用了大腦中5%的潛力，那著實令人錯愕無比。

這裡要注意的是，**大腦中5%的顯意識幾乎都由左腦掌管，而剩下95%的隱藏潛力則可以藉由正確使用右腦加以活化。**

換句話說，我們製作「右腦筆記」，對右腦給予刺激，目的就是要好好利用這95%的潛力。

無法「即時」提出答案的人就會跟不上時代

日本長期以來採用的是「左腦偏重型」教育，強調背誦，但最近這種情況正在發生改變。眼前的趨勢非常明顯，光靠背誦的方式在腦海裡塞滿各種知識，將無法與其他國家競爭。這與日本企業疲弱，無法維持終身雇用[1]和年功序列[2]等日本特有的雇用制度有關。

1980年代中後期，全球股價排名的時價總額前十名中，日本企業便有七家公司入選，然而到了2020年1月，日本企業僅有豐田汽車勉強躋身第31名。

人們常說日本企業的國際競爭力每況愈下，由此可見一斑，而IT產業的發展也落後他國。

此外，製造過程中有越來越多工作交由機器人完成，整體雇用環境發生了很大的改變。如今，企業需要的是能夠進行原創性思維的人才，因為這是機器人所不具備的能力。

為了配合上述產業界的動向，大學入學考試也隨之改變。

無論是1990年至2020年的30年間由大學入學中心所舉辦的升學測驗，還是早期的大學共通一次學力試驗（1979年～1989年舉辦，類似台灣早期的聯考制度），日本的大學升學測驗都以知識性題目為主。

1 日本特有的勞動雇用制度，企業正式員工得以在公司裡享有終身受雇保障。

2 日本特有的企業文化，以員工的年齡和資歷來排定其職位及薪資，隨著年資的累積，員工的薪資便一年年增加。

然而到了2019年，日本文部科學省（相當於台灣的教育部）實施了大規模的入學改革，原因是過去的出題方式太過偏重有背就有分的知識型題目。

比起那些死背的知識，實際的社會更需要人們將學到的知識正確活用在生活中。為了辨別考生是否具備這樣的能力，文部科學省認為有必要改變出題方法。因此，日本於2021年實施了「大學入試共通測驗」，將舊有的題型做了一番修改，不僅要求學生擁有足夠的知識，更要展現出思考力、判斷力及表現力。

此外，在升學測驗改革之前，早已有許多學校採用新的入學方式，例如部分大學便採取AO入學（Admissions Office Entrance Examination，自我推薦入學）。

AO入學幾乎都會要求考生寫小論文以及面試，因此考生要面臨的課題是「如何表現自己」。

重點在於擁有即時應變能力

自我表現與主體性、能動性息息相關，具體而言便是「自己如何看待事物？」、「對事物有什麼想法？」

然而，沒有想法的人真的很多。

由於我經營升學補習班，所以經常有機會跟考生接觸，當我詢問來補習的孩子：「你對這件事有什麼看法？」，對方絕大多數都回答不出來。

儘管我的補習班會引導孩子們慢慢發表「自己的想法」，使他們愈來愈能表達自己的意見，但我仍然認為日本社會是一個被動的社會。

這也許是因為在長久的歷史中，日本人只要服從命令即可。在講究終身雇用、年功序列的社會中，讓自己處於不起眼的位置，老實執行上位者的命令，這樣的人才受歡迎，也能更早出人頭地。

但是，如今的時代已經與以往不同。

在日本傳統的職場中，只會聽令行事的人或許能保有一席之地，但在現今的時代下，早已成為一個「無用之人」。

現在所需要的人才，是能夠獨立思考、擁有創新思維，並且有能力確實表達意見給對方的人。

此外，更需要具備「快速反應」的能力。

無論是參加升學考試或面試工作，還是在商業場合進行簡報，「如何在短時間內盡可能讓對方了解自己、認同自己」都是重點所在。

義大利藝術家李奧納多・達文西曾留下傳世名言：「當幸運（機會）女神降臨時，你要牢牢抓住她的前額頭髮，因為她的後腦勺光禿一片。」這句話十分中肯。

機會稍縱即逝，一旦錯過便不再降臨。

面對自己所獲得的寶貴機會，請大家「即時提出自己的答案」與之應對，這才是最重要的事！

好筆記能迅速提升「資訊分析力」與「獨到見解力」

不同於文字密集、圖表精美的「詳盡筆記」，「實用筆記」中的**文字最好愈少愈好**。減少文字量並不等於「減少記入的資訊」，反倒可以增加資訊量。

之所以會如此，是因為當你愈來愈習慣使用瞬讀式筆記後，就會產生文字少、圖片多的現象。

由於你不再依賴文字記錄，因此腦海中的畫面便能無限延伸。

關於這一點，有較多機會在大眾面前說話的人應該會比較容易理解。

我自己有很多發表演說的機會，聽眾人數不一定，有時候是三百人，有時候是一萬人，但每一場講座大約都會進行兩個小時左右。

如果要把一個人持續兩個小時的談話內容全部化為文字，那是不可能的任務。

不但字數龐大，而且為了不唸錯內容而顧著低頭看講稿，不看著觀眾的臉，那可就太失禮了！

所以我通常會先想好演講的進度，只在紙上寫下重點。這些重點都是經過嚴格篩選的資訊，實際演講時，只要看到紙上的提示，就會讓我產生必要的聯想，在一瞬間想起自己非說不可的內容。

當你在做瞬讀式筆記時，要不斷地詢問自己什麼是必要的資訊，嚴格挑選對自己有用的內容。**如此一來，你的資訊處理能力將會產生飛躍性的提升。**

你會逐漸懂得如何從書本、報紙、網路文章、電視新聞中選擇對自己重要的資訊，更有效率地使用時間。

將資訊做妥善整理，便能迅速擷取出「自己的見解」

僅將必要的資訊加以濃縮後再吸收，這個習慣也會使資訊整理起來更加輕鬆。具體而言，就像是把每一份資訊都貼上標籤後，再分門別類放入抽屜裡。

例如電腦、智慧型手機便是具代表性的「抽屜」，我們能夠從中抽取資訊。只要輸入關鍵字，網頁上便會立刻出現大量的相關訊息。

但其中也包含了不必要的資訊。

關於這一點，瞬讀式筆記術所記錄的全都是有用的資訊。

之所以會如此，是因為你挑選到筆記本中記錄下來的資訊，反映出了你本身的價值觀，這份筆記具體呈現出你大腦中思考的東西。

持續書寫瞬讀式筆記，自己原本不甚清晰的價值觀和想法將逐漸浮現出清晰的輪廓，進而形塑出自己獨到的見解。

「你對此有什麼想法呢？」我們之所以無法馬上回答這個問題，是因為平常雖然有一些模糊的想法，卻沒有深入地思考或探討，進而將其轉化為自己的價值觀和觀念；又或者收集到的每項訊息都雜亂無章，無法整合為「自己的見解」。

然而，**若能透過瞬讀式筆記的訓練，養成與自己對話的習慣，情況就會截然不同！**將各式各樣的資訊分門別類妥善整理，每次這麼做就會建立起相關的「腦神經迴路」，逐漸培養我們挑選必要資訊並進行整合的能力。

利用「瞬讀式筆記術」喚醒沈睡中的右腦

「瞬讀」的概念是「將文字圖像化後再由右腦加以『識別』」

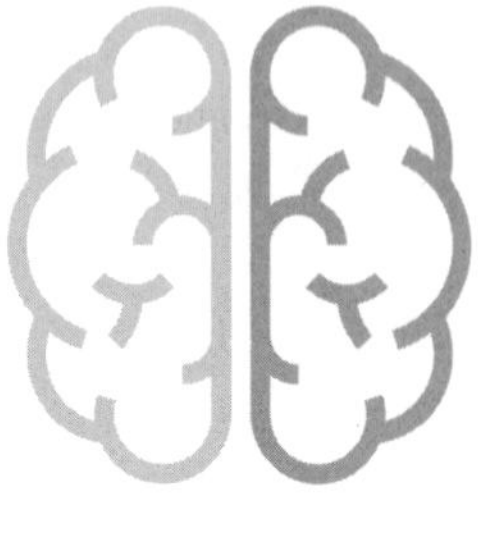

「瞬讀式筆記」和我提出的「瞬讀」理論具備著相同的概念。

瞬讀的意思正如字面所示，意味著「瞬間閱讀」，這一點跟從前大家所說的「速讀」類似，但兩者仍存在著明確的差異。

從前所謂的速讀，其特徵在於提高眼球轉動的速度，以此達到快速閱讀的目的，但是瞬讀卻沒有必要迅速轉動眼球。

瞬讀的特徵在於活用右腦閱讀，而非眼球的快速轉動。

轉動眼球的速度雖然能隨著鍛鍊而提升，但仍有其極限。田徑賽中的100公尺短跑項目，在2009年由牙買加選手尤塞恩・博爾特締造了9秒58的世界紀錄，這項紀錄未來很可能會由其他選手刷新，但可以確定的是，人類絕不可能像獵豹一樣跑出100公尺6秒以內的成績。同理，不管我們的眼球轉動地多麼快速，仍然在一定的範圍內，不可能超越極限。

然而，右腦的潛力卻無窮無盡。我們在先前的文章中提及，人類的意識被區分為顯意識和潛意識這兩個領域。

- **左腦掌管顯意識**。
- **右腦掌管潛意識**。

重點是，**我們有95%的潛能都埋藏在潛意識當中，沒有表現出來**。

換句話說，**右腦是一個尚待我們挖掘的寶庫**。

將文字圖像化後再由右腦加以識別的方法

精熟瞬讀的技巧後，我們便能用一秒鐘讀取書中的一頁。假設一本書有兩百頁，那麼只需要花200秒＝3分20秒即能讀完這本書。

進行瞬讀時，一般會同時進行輸入（＝閱讀書籍）和輸出（＝將書中的內容做筆記）這兩個步驟。可能會有人質疑：「只用三分鐘就讀完一本書已經令人難以置信了，還要為書中的內容做筆記，這怎麼可能！？」

事實上，讀完一本書之後，即使你認為自己已經「完全理解」，一旦要求你寫出書中的內容，還是有很多人做不到。

不過，若能學會瞬讀技巧和瞬讀式筆記術，這便完全有可能。

首先，我先簡單說明一下為何能在一秒鐘讀完一頁，這關係到右腦的活化機制。大家知道「三鍋臭媽媽」代表什麼意思嗎？

應該一看就知道，正確的語順是「三媽臭臭鍋」對吧？此時你的腦海中應當會浮現出曾經在三媽臭臭鍋店裡品嚐過的料理。

你的大腦會自動把散亂的文字「組合成已知的訊息」，對文字進行圖像化（例如此時在腦海中浮現出「三媽臭臭鍋」的影像）。這個部分的功能便是由掌管「圖像」的右腦來處理。

當我們用左腦進行閱讀時，會在腦海中「朗讀」每個文字；但使用右腦閱讀時，就不會出現一字一字朗讀的情形。

此時，我們**會從文字排列中瞬間讀取最重要的資訊，並予以圖像化。**

結果便是在一秒鐘內讀取書中的一頁內容，還能在右腦中留下深刻的記憶。

有意識地進行圖像化，自然而然就擁有積極向上的大腦

瞬讀式筆記，是為了讓大家能輕鬆地輸出瞬讀後的內容所設計的一種筆記方式。**進行瞬讀時，我們會運用右腦將書本的內容予以圖像化，比起左腦的朗讀作業，這確實更容易在腦海中留下記憶，但若想記得更加牢固，主動輸出書中的內容才是更有效的做法。**

但是，我明白有許多人並不知道該如何進行輸出，並為此而煩惱，於是瞬讀式筆記便順應大家的需求而生。

瞬讀式筆記可以運用在各式各樣的場合，例如上課或參加講座時便可即時寫下筆記，也可以在閱讀書籍之後再製作閱讀筆記，還有人把它作為開會時的備忘錄和會議記錄。

我曾詢問那些學會了瞬讀式筆記術的學員：「你覺得自己有什麼改變嗎？」**許**

多人都告訴我：「我不再被動地接收知識，自己會主動尋找想要的資訊。」

瞬讀式筆記並不是在紙上填滿一大堆文字。**原則上是把印象最深刻的內容以圖像方式呈現出來，並在旁邊附上文字，字數愈少愈好。**由於簡單易懂是其優先考量，因此筆記上寫的必然都是精華所在，如果是一個大跨頁，筆記的內容就要限定篇幅，最多三個重點左右。

一旦限定筆記內容的篇幅，資訊的取捨就變得很重要。

我們必須選取「對自己而言最重要的訊息」。

舉例來說，參加講座時，如果漫不經心地以被動的態度聽台上的人說話，就無法選擇要記錄哪些資訊，因此這就迫使我們不得不專心上課，積極地聽取「自己需要的資訊」。

因為我們要自己尋找關鍵字和重點，開始進行瞬讀式筆記後，自然而然就會養成主動學習的態度。

前所未有，「引發右腦潛力」的筆記術

相較於負責累積知識量的左腦，從前人們並不太重視掌管直覺和靈感的右腦。但隨著腦科學的進步，學者們的研究紛紛指出，人類大腦中95％的潛力都由右腦支配，近年來更積極展開對右腦的訓練。

就連商業界也是如此，有不少經營者提及如何活用潛在能力的話題。日本樂天集團的執行董事長兼總裁三木谷浩史在其著作《成功的原則[3]》一書中，便指出：「開發『潛在能力』並運用在現實世界中，是刻不容緩的大事。」

[3] 日語書名為《成功のコンセプト》，2008年由台灣的大智通文化出版中譯本《成功的原則》。

鍛鍊右腦能讓你的能力產生飛躍性的進步

開始進行瞬讀筆記式筆記術之後，許多人都實際感受到，自己的工作成果以肉眼可見的速度飛快地提升了。

一名在展場攤位上販售智慧型手機的四十多歲女銷售員，為了向顧客兜售商品，必須熟讀厚厚的一本工作手冊。

這本工作手冊中詳細記載了顧客們可能會有的問題與答覆，事實上，由於顧客可能會提出相當複雜的問題，所以銷售員必須事先將工作手冊中的答案背下來。

而且，因為手機商品的更新週期很快，身為一名稱職的銷售員，就必須不斷記住新的資訊，這讓她深深擔憂自己恐怕將愈來愈跟不上時代。

然而，當她慢慢把工作手冊的內容轉換成自己理解的圖像，將其製作成瞬讀式筆記後，她的理解力有了驚人的進步，也能輕鬆記住手冊裡的大量內容。

以前她會為了要記住所有的細節而煩躁不已，但自從利用瞬讀式筆記術確實掌握了手冊中的重點之後，就能進一步回想起圍繞著重點的各種細節。

此外還有一個例子。有位四十多歲的先生特別喜歡聽講座，但無論參加多少場，都無法學會講座中教授的知識和技巧，因而總是一場又一場不間斷地參加。自從從這位先生開始使用瞬讀式筆記術之後，便切實感受到自己的吸收力有了提升。

開始製作瞬讀式筆記後，不但很難忘記學到的知識，也很容易進行複習，從而使大腦留下深刻的記憶。

從前這位先生反覆參加講座——「參加講座→忘記→急忙再參加講座→忘記→急忙參加新的講座」——整個過程陷入了負面循環，更投入大量的金錢與時間，就連太太都出言警告：「做事要有分寸，別太過分。」然而，如今他卻能把在講座中學習到的內容跟太太侃侃而談，因而獲得了太太的認同：「你聽到了這麼棒的資訊呀？能夠把時間花在有意義的事情上，真是太好了！」

每每聽到這樣的例子，我就會真正感受到，只要好好鍛鍊右腦，人類就有無限的可能。

此外，還有很多案例顯示，開始製作瞬讀式筆記之後，不但能鍛鍊右腦，就連左腦的能力也都有不凡的表現。

我的學員當中有一位女士，她在三十多歲時便獨立開公司，創建自己的事業。

這位女士原本就是個直覺敏銳、常有好點子的人，她認為自己屬於右腦人。但另一方面，她也覺得自己很不擅長處理數字方面的問題。

然而，自從她開始利用瞬讀式筆記之後，對於數字的分析和預測竟然變得愈來愈準確。

激發右腦的活性以後，左腦的機能往往也能隨之提升。但若情況反過來，不管再怎麼鍛鍊左腦，都無法激發右腦的能力。激發右腦的活性需要有一定程度的訓練，而瞬讀式筆記無疑就是最佳策略。

喚醒右腦的潛力，所有能力都跟著升級！

學生、社會人士、家庭主婦……三萬人因「瞬讀式筆記術」而改變人生！

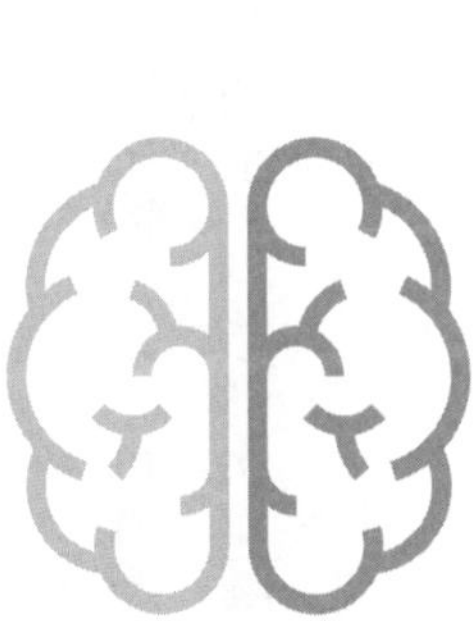

有許多人正在實踐瞬讀式筆記術。

・判斷力

一位從事股票投資的四十多歲女士表示，自己的判斷力有了長足的提升。

這位女士的投資經歷長達二十年，一直以來都不間斷地學習投資方法，她經常參加股票投資的相關講座，每次都拼命抄寫筆記，事後更加以歸納整理，不斷重覆這樣的過程。

當她學會了瞬讀式筆記術之後，參加講座時的筆記方法首先便有了改變。以前她的筆記重點，是盡可能寫下在講座上聽到的內容，但現在她逐漸學會如何一瞬間判斷出資訊的必要性，選擇對自己而言重要的資訊和新的知識做筆記。在聆聽講座的有限時間內，就判斷出該「捨棄」或「留下」的資訊，結果使得她鍛鍊出良好的判斷力和應變能力，有利於股票的投資。

這位女士經常會同時打開手機、平板電腦、個人電腦，看著三個畫面中的數據來下判斷，買賣股票。

這種三項全開的作業模式，和她參加講座時所做的瞬讀式筆記很相似，也就是「眼睛盯著簡報」、「耳朵聆聽資訊」、「在腦中進行資訊的取捨，然後轉化為圖像寫在筆記本上」。

這位女士應該是受到瞬讀式筆記的影響，才發展出這些能力來。

大家常說，投資股票最困難的就是判斷何時要「賣出」，這位女士從前也屢屢因為錯失了賣出的時機而蒙受損失，如今卻能毫不猶豫地果斷賣出，再出手買入其他股票。

由於她能當機立斷賣出的時機，因此每個月賣出股票所賺取的利潤，從原先的2～3萬日幣大幅增長到10～20萬日幣。

・記憶力

我有個學員是一名60多歲的老先生，他不但讀了很多書，還想挑戰證照考試，經過訓練後，他感到自己的記憶力有了顯著的進步。

隨著年齡的增長，人的記憶力便逐漸衰退，但這位老先生為了準備證照考試而開始進行瞬讀式筆記術，隨即感覺自己的腦中增加了許多訊息接收天線。

從前，他覺得自己的腦中只有一條用來接收訊息的天線，最多不超過兩條，於是便努力利用自己既有的知識和經驗，一點一滴地收集新的資訊。

而這些好不容易才收集來的資訊，又很難全都牢記於心，老先生為此感到相當煩惱。

然而，現在他腦中的天線數量比過去增加了幾十倍、幾百倍，他發現自己寫在瞬讀式筆記當中的內容，只要是稍微涉及到證照考試的部分，相關的資訊就會自動從外部湧入腦中。

無論老先生是看報紙或在網路上查找資料，一開啟頁面的瞬間，相關訊息便會率先映入他的眼簾。

瞬讀式筆記的寫法，是將要書寫的內容轉換為圖像再記錄下來，因此很容易在腦海中留下記憶，一旦遇上相關的新資訊，也能輕鬆進行聯想與連結，所以很容易記住。

老先生察覺到，透過瞬讀式筆記術來概括文字內容，整理出必要的重點，才能有效地傳達資訊。如今他更進一步地訓練自己的概括能力，打算挑戰聽打筆抄員[4]的證照。

年過六十竟然還想報考新的證照，老先生從未想像過這種事會發生在自己身上。正因為逐漸學會做筆記的方法，使他的想法有了一百八十度的大轉變，現在的他認為，只要願意嘗試，任何事情都能做得到！

此外，這位老先生的興趣是打保齡球，他把自己的擲球軌跡拍攝下來觀賞，據他表示，這些軌跡都已經深刻地烙印在他腦中，隨時可以在腦海中重現。

不管是腦中的接收天線有所增加，或者是烙印在腦海中的保齡球軌跡，普通人年過六十以後，記憶力通常只會不斷下滑，但這位老先生卻告訴我：「我的記憶容量好像變大了，真不可思議！」

[4] 日語為「要約筆記者」，工作內容是在現場即時為聽障者做筆記摘要，用以和聽障者進行溝通。

・想像力

有一名五十多歲的先生，非常擅長瞬讀的技巧，他只需花十五分鐘的時間就能讀完一本書。

由於他喜歡輸出（output）自己學習的內容，因此每天他會各花十五分鐘閱讀三本書，然後再分別花四十五分鐘進行輸出作業（寫讀書筆記），每一本書的輸入與輸出共需一個小時，相當於每天都花三個小時在三本書上。

從前，他的讀書筆記上寫滿了文字，儘管花了四十五分鐘做記錄，腦子裡仍舊記不住書中的內容。話雖如此，他卻覺得記不住也無所謂，反正只要花十五分鐘再讀一次就行了。

但自從知道瞬讀式筆記的寫法之後，他寫筆記的時間縮短為過去的三分之一，僅僅需要十五分鐘便能完成，而且可以輕易記住書中的內容，令他大為驚嘆。

瞬讀式筆記的特徵，便是在閱讀的同時也在腦海中想像出畫面，然後將畫面直接展現在筆記本上。具體而言，就是將腦海中想像出來的畫面轉換成圖像，畫在筆記本上。

他在閱讀時，心想：「這本書的感想可以用什麼圖形表現呢？」這個過程最終帶給他無比豐富的想像力。

在筆記本上描繪的圖像，便是書中最觸動自己、最引人共鳴的地方，這便是筆記的主軸，透過圖像便能聯想到書中的種種相關內容。

比起抄寫書中的細節，上述這種「只記錄圖像的筆記」，更能在瞬間喚醒人們的記憶。

隨著聯想力的進步，他的想像力也變得愈來愈豐富，「這次的讀書筆記要怎麼表現呢？」一思及此便給他帶來莫大的樂趣。

・專注力

有一名三十多歲的女士說，自從她開始做瞬讀式筆記後，專注力便有了大幅提升。這位女士是一名文章寫手，由於採訪後再回放所有的錄音檔相當費時，因此她希望能在採訪時便盡量在筆記本上記錄採訪內容。

然而，這種做法卻漸漸令她感到力不從心。

最初她抱著「不可錯過任何一句話」的氣勢，向採訪對象提出各種問題，並將每一句話都記錄在筆記本上，但隨著工作時間拉長，寫筆記使她花掉了太多精力，處於疲勞的狀態下，便難以維持高度的專注力，她自己也很清楚這一點。到了最後，甚至掌握不住對話的節奏，不知道自己下一題要如何詢問受訪者。

她開始學習瞬讀式筆記術之後，終於明白自己從前的做法是多麼沒效率，她其實只要「挑選對話中的重點即可」。

運用瞬讀式筆記術來記錄採訪筆記，她就不再花費過多的心力書寫，而能專心地「聆聽採訪對象說話」。最近有愈來愈多受訪者感謝她在採訪時提出了好問題，讓他們能輕鬆地侃侃而談。

·應變能力

有一位四十多歲的女護理師表示，自從開始採用瞬讀式筆記術之後，她的應變能力也有了提升。

原本她就是一個不多話的人，總覺得自己對病人所說的話似乎無法馬上反應過來。不僅如此，她還負責指導新進的護理師，但卻不能好好地表達自己想說的話，這也令她感到煩惱。

然而，透過瞬讀式筆記術，她明白了想像力的重要性，與病人及新進護理師之間的關係開始有了改善。

從前，她只會拼命地追著病人說的話團團轉，因此當病人無法流暢地表達時，她就無法理解病人的需求；現在，從病人的表情和肢體語言中，她逐漸能「聯想到病人想傳達的事物」，且在當下加以理解意會。

此外，她也漸漸學會將自己想表達的內容歸納成重點後再說出口，因此能夠順利地與新進護理師進行溝通，使雙方都能夠毫無阻礙地共享彼此的資訊。

·思考力

我自己也是因為瞬讀式筆記而提升能力的受惠者之一。

2019年，我被選為裁判員（類似台灣的國民法官）[5]的一員，當時我便利用瞬讀式筆記術來整理資訊，沒想到過程竟然這麼容易，讓我從而建立起自己的思考脈絡，最後引導我提出自己的答案。這次的經驗令我相當驚豔。

我所參與的案件牽涉到許多被告人，案情錯綜複雜，而且案發至今已經過了數年。我被選為裁判員後，從早上九點到下午五點都要待在法院裡，閱讀相關資料並參與審理過程。

資料的頁數非常多，法院要求我們要在幾小時內讀完，在這份資料上，與數名被告人有關的事件依時間順序排列，也有大量關於參考人[6]的敘述。

文章中出現了許多日常生活中不會用到的法律術語，理解起來很困難。法院裡的所有資料都禁止攜帶出去，因此不可能帶回家慢慢讀。我必須當場閱讀資料，並歸納出自己的想法。

5 日本自2009年起實施裁判員制度，從日本國民中選出裁判員參與刑事裁判，裁判員必須前往法院參與審理過程，並與法官共同對被告判刑。

6 參考人即犯罪嫌疑人以外的第三人，包括三種：①被害人、②目擊者或被害人以外與事件有關的第三人、③犯罪嫌疑人的親朋好友。

面對不熟悉的文章，其他裁判員紛紛陷入了苦戰，但我卻藉由瞬讀技巧很快地掌握住重點，法院給我們三個小時閱讀的資料，我花了三十分鐘就全部讀完了。我的樣子想必非常醒目。

事務官甚至頗為懷疑地出言提醒：「你有好好看過資料了嗎？待會要一一詢問每個人的意見哦！」瞬讀式筆記術在這裡幫了我一個大忙。

我在腦海中描繪出被告人的情緒變化圖，並依照時間順序一一歸納每位被告人的情況。雖然這是由許多人歷經數年所犯下的複雜案件，但**利用瞬讀式筆記加以歸納整理之後，案件的脈絡便一目瞭然，從而建立起我的思路，使我能夠對這個案件提出明確的意見。**

最後，法官忍不住詢問我：「你平常從事什麼工作呢？」其他裁判員也因此對我刮目相看。

把瞬讀式筆記術應用在這種地方，著實令人大感意外，但我很感謝有機會擔任裁判員，為社會作出貢獻，這對我來說也是獨一無二的經驗。

·概括力

我經常會收到這樣的問題：「為人提供顧問諮詢或教練指導時，必須要把對方所說的話『逐字逐句』地記錄下來，在這些領域裡是否無法應用瞬讀式筆記術呢？」事實上，真的有人放棄逐字筆記，改為提升自己的概括能力。

有一名四十多歲的女士，在開始學習瞬讀式筆記之前，不但字寫得不好看，也認為寫字本身就是件苦差事，一點也不喜歡寫字。

自從開始做接案臨床心理師的工作之後，她的主要任務是去拜訪學校和幼兒園，向老師們提供諮商服務，於是她發現在學校經常要「用紙寫字」，因為「寫字」對她來說是一種心理負擔，嚴重到讓她慎重考慮：「今後我是否還有能力繼續做這份工作？」

儘管她在工作時會做筆記，但卻完全無法記住，回家後往往還要再「重新整理」四到五次。一個月後再度前往學校時，當老師向她說明後續情形：「上個月跟妳諮詢的〇〇〇小朋友……」她也幾乎想不起來。

不擅長寫字和畫圖的她，就這樣開始了瞬讀式筆記。她先從簡單的圖像著手，例如把學生桌上的筆記本、教科書、鉛筆盒所擺放的位置畫下來。

只要把圖像畫下來，自己的腦中便自然而然記住了當時的畫面，這讓她相當激動：「這麼輕鬆就能記住，真是太棒了！」於是她更積極採用這種方式，改以圖多字少的圖像來表現對話內容。

雖然在諮商界中，多數人都採用「逐字逐句」的方式寫筆記，但她發覺沒必要這麼做。她放棄逐字逐句的記錄，在諮商過程中便完成自己的筆記，回家後也不需要再重新整理，因此寫筆記的時間縮短為過去的四分之一，而且事後只要一翻開筆記本，立刻就能回想起諮商時的情況，有效減少了閱讀文字再次回憶的時間。

本章對瞬讀式筆記術做了整體性的描述。

接下來，我會在第一章進行更具體的說明。

第 1 章

僅僅看一分鐘，頭腦便有顯著進步

「瞬讀式筆記術」兩個基本步驟

「瞬讀式筆記術」兩個基本步驟

步驟一：利用各種圖像及色筆製作「右腦筆記」

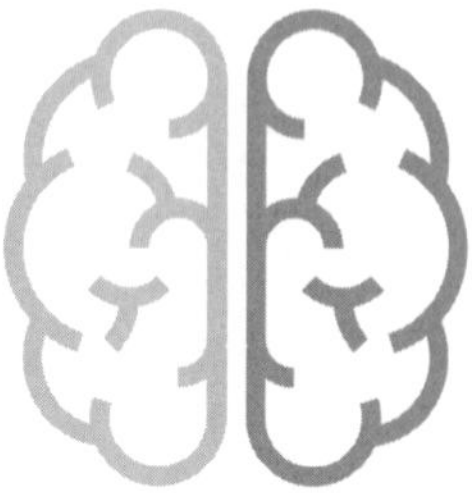

・大量使用「插圖與圖片」

瞬讀式筆記術會使用大量的插圖與圖片，之所以這麼做，是因為人類對於直接訴諸於視覺上的事物，特別容易理解與記憶。

或許有很多人沒有意識到，我們往往在不知不覺中便會將話語加以視覺化（＝圖像化）。

我經常在講座上再三要求聽眾：「從現在起，聽我說話時，絕對不能在腦海中想像出畫面來。」緊接著說：「粉紅色的大象。」

然而，聽到這個句子的人，很難不在腦海中具體描繪出粉紅色大象，所有人的腦海中都浮現出粉紅色大象的模樣。

我們就是這樣將外部資訊輸入自己的腦中，經過想像及視覺化後再加以記憶。

這與初相識的人相同，見面後的第二天，當我們回憶對方的樣貌時，不會用文字來表達對方的「臉型輪廓、髮型、當時的表情」，我們腦海中最先浮現的影像應該是「那個人的臉」。

從事八大行業的女士，由於需要招待許多客人，聽說她們會在客人的名片背面畫上一些記號，用以表達每位客人的特徵，藉此記住客人的臉和名字。相較於複雜的文字訊息，僅有單一特徵的記號使人更容易記憶。

我在電視上看見她們說：「這種做法，使我記住了幾千個客人的臉和名字。」不由得深感認同：「沒錯，就是這樣！」

瞬讀式筆記術之所以運用插圖和圖片，也是基於相同的理由。

·插圖使筆記內化為「自己的獨創資訊」

話題回到剛才提到的「粉紅色大象」，大家心中的大象是什麼模樣呢？「是一頭成年象？還是未成年象？」、「大象的顏色是深粉紅色？還是淺粉紅色？」、「是像迪士尼卡通小飛象那樣的漫畫風格？還是現實中的大象？」

就語言層面來說，大家聽到的「粉紅色大象」都是一樣的，但腦海中所浮現的「粉紅色大象」卻各自擁有獨特的風格。

如果要求大家把腦海中的粉紅色大象畫出來，應該就能清楚地看出差異。有人的大象朝向右邊，有人的大象朝向左邊；有人畫出整頭大象，有人只畫出大象的頭，形象必定千差萬別。

把腦中的圖像畫成插圖，才能輕鬆留下記憶，因為這是「自己在腦海中想像出來的圖像，而非擷取自他人的知識。」

把腦中的圖像實際繪製成插圖，那就會是你自己獨創的「粉紅色大象」，不是別人的東西。

換句話說，將得到的資訊在腦海中轉換為圖像，再繪製成插圖，那就會形成「你的個人資訊。」

正因如此，瞬讀式筆記才會是一款「專為記憶而設計的筆記」。

如果筆記裡全是文字，便不可能發揮這個功能。沒有經過「腦中的圖像化↓實際繪成插圖」的過程，就很難形成深刻的記憶。全文字的筆記只會是單純的「記錄」，無法發揮「記憶保存」的效果，原因就在這裡。

我之所以深刻體認到「視覺資訊更勝於文字資訊」，是源於某次參觀美術館的經驗。當時，我就和多數人一樣，不自覺地讀起畫作的解說——作者是誰、繪製年代、畫作的時代背景……諸如此類，這些都和畫作一起展示出來了。

閱讀這些解說，讓我自以為「讀懂畫作」，不料出了美術館之後，竟然忘記自己看過哪些作品。

我為此感到驚慌：「不行，不行！重點不在解說上！」但已後悔莫及。閱讀畫作的解說並理解其中內容，這並不是在鑑賞畫作。我們欣賞畫作時，心中應該會湧現某些感受；想像畫家繪圖時的情境，也可能產生某些發現、期待以及喜悅。

重點要擺在「自己的感覺」，但平日若總是依賴左腦生活，就會在不知不覺間以「解說者的想法」為優先，而忽略了自己的感受。

人們容易將「自己的感覺」等閒視之，如今能藉由瞬讀式筆記術找回「自己獨特的感覺」，我認為是件非常有意義的事。

・畫了插圖的筆記，只要看一秒就能想起所有內容

瞬讀式筆記術是將腦海中的畫面直接以插圖形式畫在筆記本上，因此能形成鮮明的記憶。如果筆記本上寫滿了文字，重新閱讀就要花費許多時間；但如果筆記本上畫著明顯的插圖，只需一、兩秒便能重新看過一次。

有一位學員非常喜愛瞬讀式筆記術，天天使用，因而累積了大量的筆記。當他開始分門別類整理這些筆記本時，從翻開筆記本到分類至檔案夾的數秒之間，僅僅用眼睛掃過筆記本上的圖片，就能清清楚楚地回想起寫筆記時的情景，這令他感到大為驚嘆。

他說：「如果是純文字的筆記，我不可能再讀一次，就算一開始真的重新讀了一次，也會立刻感到厭煩。」

我自己也有類似的經驗。每個月我都會邀請來賓在 YouTube 上舉辦一次對談，並請瞬讀式筆記術的講師幫忙將對談內容製做成筆記。

雖然那不是我親自寫的筆記，但由於是自己親身參與的對談，因此我可說是該筆記中的主角之一。

因為每次都邀請不同的來賓，話題當然也不一樣，坦白說，我不太記得自己到底和誰說過了什麼內容。

然而，只要我翻閱對談的筆記，瞬間就能回想起當時的情景。

包括對方的資訊、對談的主題、過程等等，例如對方說了哪些話、我自己如何回應，甚至連當時對方所穿著的服裝、自己穿著的服裝、身上的飾品等等也都能全部想起來。是不是很驚人？

順道一提，受託寫筆記的講師表示，她也和我有共通的經驗。

當人家問她：「你知道〇〇〇這個人嗎？」曾在筆記上寫過的名字便會浮現在講師的腦海中，使她一一想起對方的詳細資訊：「是那位來自〇〇地方，當初進公司時曾做出〇〇功績，做事非常認真，現在創業成立了〇〇公司，事業做得有聲有色，還出版了書籍並到處演講的人吧！」

單單聽到名字，腦海中標記了這個名字的檔案夾便會自動開啟，隨即湧現相關的資訊。「就算現在手邊沒有筆記本，依然能清楚回想起相關的資訊。」雖然令人感到不可思議，但如果是那位知名的瞬讀式筆記術講師，我想這對她而言不過是小菜一碟、轉瞬間就能辦到的事。

・在跨頁筆記上鋪展出有脈絡的故事

在下一章節中，我們將詳細介紹瞬讀式筆記術，它是一種跨頁筆記的形式，這也許是它之所以「容易回想」的原因。

一整個大跨頁就好比是音樂劇的一幕，將整個故事涵蓋其中。

相較於使用文字表達，插圖的表現方式會有更多的「留白」，讓讀者能夠盡情發揮想像力。這裡所謂的「留白」，便是留給讀者「充分想像的空間」。

瞬讀式筆記中的插圖來自於「印象最深刻的事物」，為了將許多周邊資訊和插圖加以連結，使人能輕鬆地進行聯想，筆記上的內容應該是有脈絡的故事，而非個別事項的堆疊，這樣才能讓人不斷地反覆閱讀。

試想，在筆記上編寫一個有脈絡的故事，讀起來不是更容易理解嗎？

無論是電視上的「新聞節目」、「劇情式紀錄片」，還是實用書一開頭插入的漫畫，都是利用故事化的呈現方式來整理資訊，使其更容易被觀眾所理解和吸收。

同樣的手法也能被運用在瞬讀式筆記的大跨頁上，使人一眼就能回想起當初寫筆記時的情境。

．抓住重點繪製插圖

大家應該都有過這樣的經驗，看到人像圖時，心裡便忍不住讚嘆道：「真像！」「抓住特徵（＝重點）」正是畫一幅好插圖的精髓，反推回來，這也表示「抓不住重點就畫不出插圖。」

不過，若只是單純的觀賞、聆聽，是無法抓住重點的。

不管心中的意願如何，人總是會不由自主地「想看」、「想聽」外界的訊息，這麼一來，就不能漫不經心地被動接收外界的資訊，而必須採取主動的態度，自行搜集有用的資訊。

主動「想看」、「想聽」的積極態度，也會使我們的記憶更加深刻。

・插圖與文字並用，靈活運用左右腦

瞬讀式筆記術以插圖為主，再輔以最低限度的必要文字。

舉例來說，參加講座並寫下筆記時，我們腦中的活化機制如以下所示。

聆聽演講（左腦）→想像畫面（右腦）→轉換為插圖（右腦）

→尋找適合插圖的詞彙寫下來（左腦）

換句話說，我們會輪流使用左腦和右腦的功能，使其發揮最佳效果。

雖然左腦和右腦分別扮演著不同的角色，但兩者都具備了重要的功能，這是不變的事實，只不過一直以來我們都偏重使用左腦，這點誠如序章所述。

透過瞬讀式筆記術，交替使用左腦和右腦的功能，才使得各式各樣的能力得以蓬勃發展。

・使用繽紛的色彩

瞬讀式筆記術會用到大量的色彩來繪製筆記。

由於我們的生活中充滿了許許多多的色彩，「有顏色」是理所當然的事，我們早已習慣利用顏色作為基礎來處理訊息。

這麼說來，我曾聽說過一件相當有趣的事。有一項實驗，企圖減少人們使用智慧型手機的時間，當受試者的手機被調成黑白畫面之後，使用手機的時間便大幅降低了。

對於習慣彩色畫面的我們來說，似乎無法滿足於黑白畫面。

如果我要求瞬讀式筆記術的學員今後不可以使用色筆，只能用黑白兩色寫筆記，一定會造成大家的不滿。

光是不能寫彩色筆記，就使瞬讀式筆記術完全失去了吸引力。

即便是身兼創始者及推廣者的我，如果只能使用黑色的筆寫筆記，也會漸漸感受不到瞬讀式筆記術的魅力，而變得愈來愈不喜歡寫筆記。

・利用色彩來回憶筆記內容

或許平時自己不太察覺得到，但色彩的確會喚起我們各種形形色色的記憶。

全球知名品牌便相當擅長利用「顏色和記憶的連結」來製作商標。

例如日本服飾品牌 UNIQLO，即使不會正確畫出 UNIQLO 的商標，只要在塗滿紅色的四角形中寫上「UNIQLO」這幾個字，便足以表達。

美國咖啡品牌星巴克則是綠色的商標，當中有一位形似「自由女神」的女神圖像，即使畫得不好，但只要描繪出白色的馬克杯，並在正中央塗上綠色的圓圈，大家就知道這代表星巴克。

色彩與記憶，便有著如此緊密的關係。

此外，儘管有許多成年人不擅長畫插圖，但透過色彩的運用，不但能徹底消除對繪畫的不安感，而且能夠利用色彩來補足自己想表現的事物。

例如在前幾天，有一位學員想要表現「有志者事竟成」的概念，便畫了一個塗滿橘色的人形。

他之所以會用橘色來表達「有志者事竟成」，是源於日本的搞笑藝人組合 Timon D 中身穿橘色套裝的高岸宏行，他的口頭禪就是「有志者事竟成」。

這位學員很喜歡搞笑劇，他經常看高岸宏行的表演，「橘色＝有志者事竟成」便是他腦海中揮之不去的畫面。

對於不知道高岸宏行的人來說，這位學員所畫的圖像完全沒有意義，但這一點也不造成問題。

瞬讀式筆記的關鍵，在於描繪出「對自己有意義的圖像」，這是自己專用的記憶工具，應該把重點擺在自己的主觀感受上，至於別人是否能夠理解，別人會如何評價，這些都不成問題。

插圖之所以能用來傳達許多概念，就是因為加入了「色彩」這個元素。僅僅是暖色系或冷色系的運用，就能表現出不同的畫面與印象。

當你因為心中不安而捏了一把冷汗，顯得「臉色蒼白」時，就用藍色系表現；感到心情愉快時，就用自己最喜歡的顏色表現，藉由這種方式，筆記就會愈寫愈靈活，表現也會愈來愈豐富。

步驟二：利用「瞬讀」複習筆記，一秒看一頁，總計六十秒

・以極快的速度閱讀

花費一番心血所寫的瞬讀式筆記，自然想拿來反覆地複習。此時的重點在於「快速閱讀」。雖說是「閱讀」，但由於瞬讀式筆記的字數相當少，因此準確來說應該是「反覆翻看」。

複習的訣竅就是要在短時間內迅速看完，以一秒看一頁的速度快速翻閱，每一份筆記平均有六十頁左右，所以閱讀時間總計為一分鐘。之所以如此，**是因為人類本能上會將立即消失的事物視為「重要的訊息」**。

許多人都認為，重要的訊息必須慢慢地仔細閱讀，但其實恰恰相反。

在序章也曾說明過，瞬讀式筆記術是為了瞬讀而設計，這種閱讀法的主要概念，就是能夠以一秒看一頁的速度閱讀純文字的書籍。

此時，是否能夠讀懂書中內容並不是問題，即使讀不懂，也要在限定的時間內翻看，重點在於大量累積這樣的訓練。

這和自己平常看書的方法大相逕庭，是以極快的速度瀏覽資訊，這麼做便會為我們的大腦按下開關，使大腦將眼睛看到的內容認定為必須要記住的重要資訊。

此外，很重要的一點是，我們必須限制翻閱的時間，不能想看再看，隨意耗費時間。

你是否有過以下的經驗？考試前背誦過的知識始終記在腦袋裡不曾遺忘、在專案的截止時間前發揮出驚人的實力、在絕對會遲到的情況下竟順利趕上了……諸如此類。

「我只剩下這點時間了！」勝負存亡之際，人腦的機能就會瞬間被激發出來。

‧抖音影片抓住人心的理由

抖音（TikTok）的短片成功吸引住觀眾的目光，在年輕人之間非常受歡迎。

抖音是由中國的「ByteDance」公司所經營的短影片社交平台，註冊會員可以上傳15秒～1分鐘的短片。

我認為，抖音之所以能抓住大眾的心，最主要的原因在於其快速的資訊流動速度，這種速度感給人一種「當下體驗」的感受。

只要在智慧型手機的螢幕上滑幾下，短短幾秒鐘就會播完抖音上的短片。如果覺得某些短片特別精彩有趣，我們就會不自覺地持續點擊觀看。

人肯定是在最初的1、2秒鐘內就做出了資訊的取捨。

YouTube也是如此，開頭出現的影片縮圖最為重要。觀眾如果覺得縮圖看起來很有趣，就會點開影片觀看，如果不感興趣，就會略過不看。

若影片沒有在一開始就勾起我們想看的慾望，恐怕便不會有人點擊播放了。

・「一秒看一頁」的訓練使直覺變得更敏銳

人與人的印象也是如此。

我們面對初次見面的人時，往往會在1、2秒鐘內判斷自己是否喜歡這個人、兩人是否能合得來。若在最初的1、2秒鐘就判斷出自己可能不會喜歡對方，之後便不可能改變念頭。

判斷自己想看哪一個影片、對初次見面的人有何好惡感受，這些都來自於我們的「直覺」，而掌管直覺的便是右腦。

在非常久遠以前，人類的祖先過著打獵維生的日子。獵捕凶禽猛獸時，瞬間判斷的能力便至關緊要，萬一誤判了情勢，面對的唯有死亡一途，這種凶險的局面想必數也數不清。當時，人類必須不斷地在生死存亡關頭間做出判斷。

因此，我認為「瞬間判斷力」是人類與生俱有的本能。

利用一秒看一頁的節奏反覆翻閱瞬讀式筆記，你的直覺將變得愈來愈敏銳，選擇資訊的眼光也會更上一層樓，愈來愈清楚哪些是自己需要的資訊。

．大腦自動朝「自我實現」的方向發展

右腦經過鍛煉之後，直覺的敏銳度也隨之增強，自然而然便提高了想像力。**如此一來，我們便能在腦海中想像出自己理想中的模樣，更會在不知不覺之間，愈來愈接近自己所描繪的「理想樣貌」**。

人們常說：「成功的關鍵在於設定目標。」無論是事業計畫或讀書計畫，首先要訂立目標，這個道理很簡單，為了達成目標，我們才能看清今後該做的事情。

大腦也依循著相同的原理，我們會逐漸成為自己想像中的模樣。

反過來說，如果什麼都想像不到，表示你還沒決定好目標。

如果還沒決定好目標，不但無法展開行動，而且也不知道該往什麼方向前進，這是很自然的道理。

如果現在的你不知道自己將來想成為什麼樣的人，那或許是因為還沒有設定目標的緣故。

因此，我們首先要培養想像的習慣，然後不斷地提升自己的想像力。

不擅長繪畫的人也能順利完成

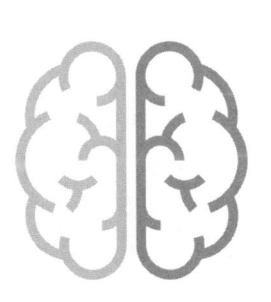

畫圖是為了幫助自己記憶

許多人一得知瞬讀式筆記要「把想像的畫面繪成圖像」，就對自己沒有信心：「我不擅長繪畫，這樣也能做到嗎？」

放心，沒問題！我以前也不會畫圖，老實說，現在也畫不好，我本來就沒有什麼藝術天分。

既然如此，為什麼我還是能堅持做瞬讀式筆記術呢？

理由就是——「因為筆記上的圖只畫給自己看」。這份筆記不是為了給別人看，好贏得別人的讚賞；也不用擔心別人會在心裡暗暗嘲諷自己畫得不好，因為看到圖片的人從頭到尾僅有自己一人。

當然，如果想讓其他人看也無妨，自己也可以參考別人的筆記，看看其他人怎麼畫圖，藉此得到一些靈感，還能多多交流彼此的資訊。

但是，如果因為不擅長畫圖而擔心自己學不會瞬讀式筆記術，那就要大聲地對自己說：「這份筆記只有自己要看，目的不過是讓自己記住筆記內容而已，跟會不會畫圖沒有關係。」

利用簡單的圖標就行了

無論是覺得自己有多麼不會畫圖的人，都能夠畫出簡單的記號。

對於剛開始寫瞬讀式筆記的人，我建議多活用簡單的圖標，例如笑臉符號。

僅靠著這個方法就能表達喜怒哀樂的情緒。眼睛和嘴角帶笑表示「喜悅」；眼角向上傾斜，嘴巴憋成一直線，表示「生氣」；眼角和嘴角都往下垂表示「悲傷」；眼睛帶笑且張大嘴巴，表示「快樂」。

總而言之，只要能表達自己當時的情緒就可以了，將情緒與事件加以連結，便能夠加深我們的記憶。

接下來就讓我向各位介紹一份筆記，當中使用了喜怒哀樂的表情符號，清清楚楚地表達出自己深刻體會到的感動。

▲ 表現喜怒哀樂的表情符號

下一頁的筆記，是由一位六十多歲的女士所作，她是一位虔誠的天主教徒。

這位女士說自己中學畢業之後就再也沒有畫過圖，對於自己是否能畫得出來，心中抱著些許不安。

然而，學會瞬讀式筆記的寫法後，短短兩個月就有這樣的圖像表現力。

筆記中也寫了文字，這位女士想表達牧師傳教時所說的《聖經》中的一個章節。

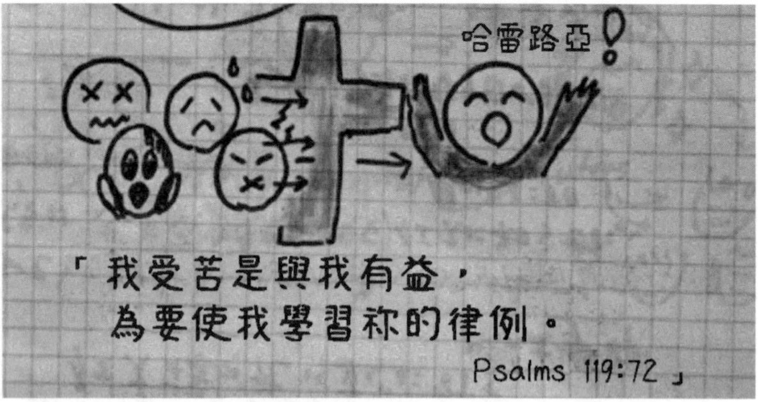
哈雷路亞!
「我受苦是與我有益，
為要使我學習祢的律例。
Psalms 119:72」
▲ 抽象的內容也能用簡單的圖形表達。例①

我受苦是與我有益，為要使我學習祢的律例[7]。

詩篇 119:72

看起來雖然是相當抽象且難以表達的內容，但這位女士利用表情符號來表達受苦的人，用十字架表達遇見上帝，當受苦的人遇見上帝之後，再以「哈雷路亞」和笑臉符號來表達他們所感受到的喜悅。

[7] 《聖經》詩篇 119:72，日語譯為「苦しみにあったことは私にとって幸せでした。それで私はあなたのおきてを学びました。」英語版 New International Version (NIV) 譯為「It was good for me to be afflicted so that I might learn your decrees.」本書原文為《聖經》的詩篇 119:72，經查證後應為詩篇 119:71。

「我們曉得萬事都互相效力，
叫愛上帝的人得益處，
就是按祂旨意被召的人。
Rom 8:28」
愛上帝的人
＝
被召的人

▲ 抽象的內容也能用簡單的圖形表達。例②

上圖也是該女士所描繪的筆記。

我們曉得萬事都互相效力，叫愛上帝的人得益處，就是按祂旨意被召的人[8]。

羅馬書 8:28

這一段內容也相當抽象，她利用十字架表示上帝伸長了手，守護「愛上帝的人＝被召的人」。

這位女士透過自己的一番過濾篩選之後，再用簡單易懂的方式表現出《聖經》的章節，她的想像力著實令人驚嘆，但與此同時，我也認為大家都可以做到這種程度。

經過自己的一番過濾篩選，如果你強烈感受到自己有想表達的意象，那麼右腦就會自動運用簡單的圖形組合（以這位女士的圖片為例，包括十字架、笑臉符號、心形圖等等）充分表現出自己想像中的圖像。

人一旦真的遇上了對自己而言非常重要的知識，想要深入地學習、記憶，並希望以某種型式表現出來，自然而然就會為此下功夫，將其轉換為「個人獨有的表現方式」。

而這正是「充分活用右腦」的意義。

8 《聖經》羅馬書 8:28，日語譯為「神を愛する人々、すなわち神の計画に従って選ばれた人々のためには、神がすべてのことを働かせて益としてくださることを私たちは知っています。」英語版 NIV 譯為「And we know that in all things God works for the good of those who love him, who have been called according to his purpose.」

模仿手機裡的圖片也可以

如果有想畫的圖片，卻不知道如何著手，此時就可以好好活用智慧型手機和平板電腦。

先上網搜尋相似的圖片，再照著圖片畫下來，這麼做就沒問題了！因為不是用於商業活動，也不會上傳到社交媒體上被許多人看到，而是只畫給自己一個人看，這並不觸犯著作權法。

這種情形，和參加講座時，遇到看不懂的字就拿出手機來查詢一樣，請大家抱著這種心態來檢索自己可能用得上的圖片。

搜尋的訣竅就是在檢索欄裡輸入「圖片」或「插圖」等詞彙。

比方說，當你要畫吉娃娃的圖片時，如果在檢索欄裡輸入「吉娃娃」的話，就會一下子出現大量的照片，大家實際做做看就會知道，要將照片畫成圖片的難度非常高。

因此，不妨將關鍵字改成「吉娃娃 圖片」、「吉娃娃 插圖」，再從中選出最簡單的圖片畫下來。

自己聯想出來的畫面才記得牢固

那些說自己不會畫圖的人，大多都有追求「正確答案」的傾向。他們往往會在心裡想著：「別人會怎麼畫呢？」並把這個當作要求自己的標準。

舉例來說，像會議記錄這一類的文件，如果大家看不懂的話，就沒有意義了，因此要以他人能夠理解作為前提。但若是為了幫助自己記憶而做的筆記，那只要你一個人理解就行了。

忘掉小時候必須將筆記本交給老師批改的往事吧，現在沒有人會對你的筆記本打分數。

這裡請大家好好地想一想，同時我也會向各位解說「如何進行聯想」。

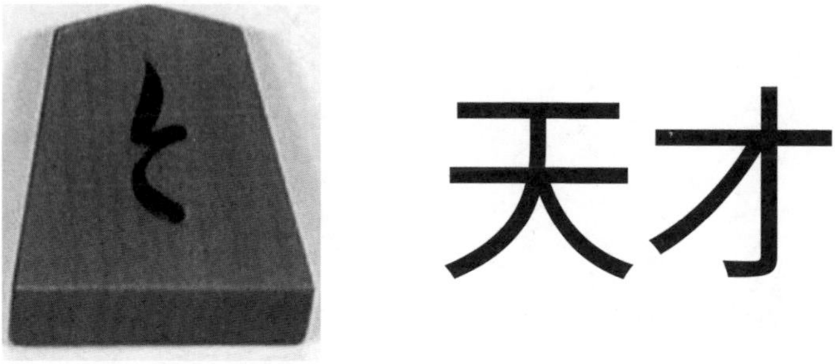

▲ 用這張圖就能表達「藤井五冠」！

首先，請在自己的腦海中想像「天才」的畫面，我想大家的腦海中應該都會浮現出某位具體人物吧！

例如日本將棋界的棋士藤井聰太五冠，他以十九歲六個月之齡勇奪棋聖、王位、叡王、龍王、王將等五個頭銜，締造日本史上最年輕的五冠紀錄，號稱藤井五冠，真正是名符其實的「天才」。

還有出身日本的美國職棒大聯盟選手大谷翔平，他身兼投手與打者，是當今最著名的「二刀流」選手，大谷選手於 2021 年成為史上第二位獲頒美國職棒大聯盟最有價值球員及銀

▲ 用這張圖就能表達「大谷選手」！

棒獎的日本人，毫無疑問是位「天才」。

但是，對於現在剛開始要進行瞬讀式筆記術的人而言，要畫出這兩個人的臉實在有些困難。

這種時候，建議大家利用「簡單的圖形＋文字」來描繪。

比方說，如果不會畫藤井五冠的臉，那就畫一顆將棋的棋子，然後在旁邊寫上「天才」就行了。

畫一顆棒球，在旁邊寫上「天才」就能表達大谷選手。

向我學習筆記方法的學員當中，有幾個人的答案是「愛因斯坦」。

愛因斯坦有一張吐舌的照片，相當有名。我們只要畫出一個有著爆炸頭、雙下巴、吐出舌頭的男性，愛因斯坦的臉部圖像就完成了。

因為愛因斯坦具有明顯的臉部特徵，所以很容易描繪。

依據自己的經驗來描繪

下一題要請各位聯想的是「早起」。你的腦海中浮現出什麼畫面呢？

我的學員們大多是畫太陽從山裡或海面升起的圖片。

雖然這麼畫也行，但總覺得原創性有點不足，是大家都可以想像得到的畫面。

何不試著多從自己的經驗中汲取靈感呢？

我們可以從自己每天早上的日常行為中，選取一些容易畫的部分描繪。

▲「早起」的例子

每天早上都會喝咖啡的人就畫一杯咖啡，會出去散步或做瑜伽的人，就畫出相關的動作，不習慣早起的人也可以畫出愛睏的表情。畫一個大圓圈，在眼睛的地方寫兩個Z，就是一張愛睏的臉了。

就像這樣，請試著自己出題，想一想要如何表現，然後實際畫畫看。這會是很棒的練習唷！

第 2 章

圖像化x色筆＝牢記99%的內容

「右腦筆記術」

在規定的時間內完成筆記

・為什麼不可以「之後再做」？

在課堂上或參加講座時，請不要想著「待會再寫」而不做筆記。你不覺得有很多事情都是因為想著「之後再做」而沒有完成嗎？其實任何事情都是如此。

無法在當場完成的事情，永遠都不可能會完成，你最好要明白這一點。

最終，那些為圖省事而不做的事情，對自己而言可能也不是很重要。這麼一來，你拿來上課或參加講座所花費的時間與金錢，以及在現場所消耗掉的體力，等於全都浪費掉了。

即便事後寫了筆記，寫出來的東西很可能也跟瞬讀式筆記術原本用來「幫助記憶」的目的不一樣了。

也就是說，事後才慢慢寫的筆記，很容易流於「為整齊漂亮而寫」。筆記寫得很漂亮，但在記憶裡卻不留一點痕跡，不僅非常可惜，最後也只是在浪費時間。

此外，瞬讀式筆記術是在聽到話語的當下，就將接收到的訊息畫面直接畫成圖像或簡短的句子記下來，這樣才有意義。此時需要運用到你的直覺。

因為你帶著敏銳的直覺去聆聽對方的話語，所以寫出來的內容對自己而言才具有價值，才會保存在記憶之中。

如果事後才寫筆記，「直覺」的部分很容易會消失不見，變成用一般的圖像或借用他人的圖像來寫，而非自己原創的筆記。

·經由自身的過濾篩選才能留下記憶

在一定的時間內完成筆記，才能將聽到的內容充分消化為自己的語言，使其自然而然地在腦海中形成圖像。

要想跟上對方的話題進度，如何使用簡潔而精練的語句或圖像進行歸納，便成了關鍵所在。

經常有人問我：「如果要畫插圖，不就沒有多餘的精力聽老師上課了嗎？」事實上完全相反，大家一試便知。

這是什麼原因呢？因為當你在腦海中進行圖像化之後，才能真正理解剛才聽到的話語，使其內化為「自己的東西」。你不但有精力繼續聽課，而且還會主動積極地從老師的話語中擷取自己需要的資訊。

・不要寫多餘的資訊

筆記上只寫必要的資訊。說起來容易，實際上這是很困難的事情。

因為我們打從懂事開始，所接受的教育都是要「盡可能多寫一點筆記」。

可是，萬一寫得太多，那就和整篇充滿了文字的筆記沒有兩樣，讓人搞不清楚哪裡是重點，哪裡不太重要。

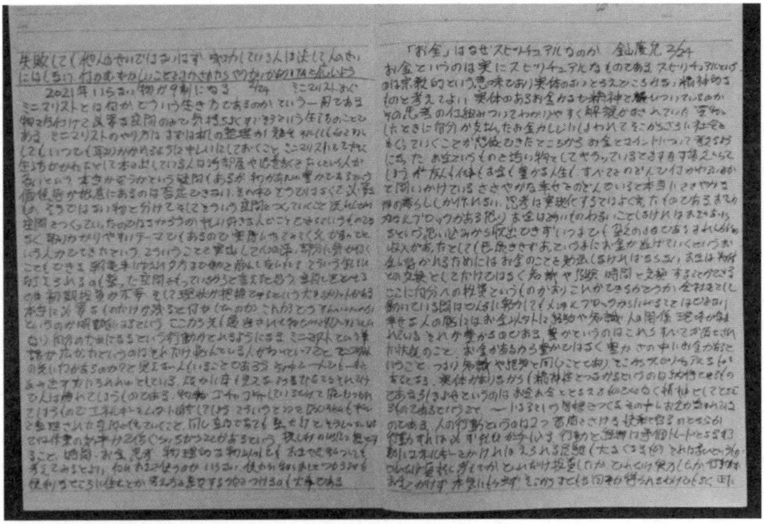

▲ 純文字的「左腦筆記」

不需要記錄的資訊請完全省略，盡可能減少字數，每一個主題底下也只要畫一、兩幅插圖即可。這裡的兩張圖片，是由同一個人所寫的兩種類型的筆記。最初是純文字的「左腦筆記」，後來漸漸轉變成圖片豐富的「右腦筆記」。

將印象特別深刻的部分畫成插圖，這就是訣竅。如果是參加一場自我啟發型的講座，那就把自己認為「一定要著手實踐」的部分畫成插圖。文字不多也沒關係，插圖可以幫助我們歸納出重點來。

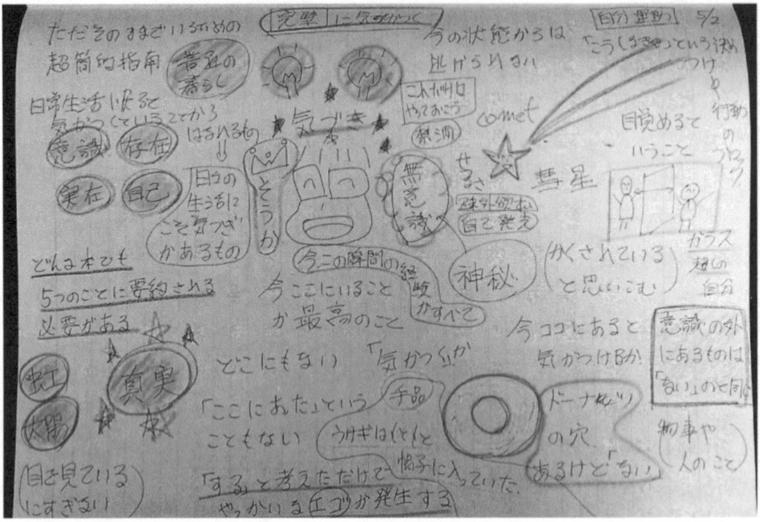

▲ 視覺圖片豐富的「右腦筆記」

話雖如此，以上這些畢竟只是原則，像證照考試之類的讀書筆記，在某種程度上仍舊需要寫出文字。關於「讀書筆記」的寫法，我會在第四章正式進行說明。

另外，有些抽象內容讓人想不到該如何以插圖表現，或者是自己很難想像出來的畫面，遇到這種情形，也可以只用文字來表達。

例如「無我的境界」、「諸行無常」等句子，不但難以畫成插圖，而且在我們左思右想時，講師很有可能就進入了下一個話題。

不是所有的東西都非得畫成插圖不可，因此，請大家臨機應變，自行判斷吧！

此外，經常有人會提出這樣的問題：「一場講座下來，要畫多少插圖才是恰當的數量呢？」此時，我通常這麼回答：「請想像一下要『為自己的衣櫃進行斷捨離』就知道了！」有些人一整年只需要十件衣服就足夠，但也有些人每一季都要有二十件衣服，一年總計八十件衣服才行。只要衣櫃裡不是雜亂無章，能夠整整齊齊地收拾乾淨，多寡都不成問題。

至於「多少衣服才會令自己感到滿足」，每個人應該都有不同的感受。寫筆記也是相同的道理。

・大腦喜歡承受負荷

當我們在鍛鍊肌肉時，往往會對肌肉施加重量，進行負荷訓練，大腦同樣也適用這種方法。

若想進行瞬讀式筆記術，就要在短時間內完成以下這些步驟：

▲ 只要整理得乾淨整齊，數量多寡都不成問題。

① 用耳朵聆聽資訊

② 從中選取自己最需要的資訊。

③ 歸納步驟②的資訊，在腦海中進行圖像化。

④ 將步驟③畫在筆記本上。

這整個過程對我們的大腦來說，確實會造成相當大的負荷。

而要養成瞬間判斷力，這又是最適當的訓練方式。

對大腦給予強度夠大的負荷量，將會使大腦迅速地成長起來。

瞬讀式筆記的前提條件是「不擦掉錯誤」

・經過自己的過濾篩選後，便能減少錯誤

如果能夠正確地實踐瞬讀式筆記術，你就會發現自己寫錯、畫錯的情況變得愈來愈少了。

我們之所以會想擦掉寫錯的地方，其實大多是在隨意塗寫時才會發生這種情形。很多人往往不經大腦隨意地塗塗寫寫，寫錯時就毫不猶豫地擦掉。

然而瞬讀式筆記術卻要求我們過濾資訊，經過咀嚼吸收之後，再把自己理解的內容寫在筆記上，這基本上就會減少我們想重寫或想擦掉的地方。實際上，有很多學員向我表示：「自從進行這種筆記術之後，我用立可帶的機會就愈來愈少了。」

話雖如此，偶爾還是會有「糟糕！寫錯了！」的情形。

尤其是插圖的部分，很多人都曾經有過這樣的念頭：「為什麼我會這麼畫呢？」關於這一點，在本書的前言也稍稍提及過，有時候那些「失敗的插圖」反而會深深烙印在我們的心底，讓我們更加印象深刻。

・失敗帶給我們反覆回憶的機會

有一位學員跟我說了一段頗有意思的經驗。

某次他參加一場講座時，畫了講師的人像圖，但畫出來的圖比較像是日本知名落語家[9]笑福亭鶴瓶。

他立刻察覺到自己畫錯了，但那位講師說起話來就像落語家一般詼諧有趣，於是他覺得不改也無所謂，便把圖片保留下來。

[9] 落語是源自於江戶時代的傳統表演，表演形式類似單口相聲。

雖然講師與笑福亭鶴瓶兩人並沒有關聯，但每當這位學員在電視上看到鶴瓶時，就會想起那場講座的內容。

正因為他畫錯了插圖，這反而給了他反覆回憶的機會。

・不擦掉寫錯的部分，才能展現出真實的自己

插圖本來就沒有正確答案，你想怎麼畫，就怎麼畫。

但不知道為什麼，我們總認為自己絕對不可以失敗，覺得失敗是件壞事，因而在心裡產生了障礙，一心覺得「失敗＝沒用！」

若沒有了這層障礙，人就會發生改變，逐漸發揮出原有的能力。

那些來學習瞬讀式筆記術的學員，很多人一開始都惟恐自己會失敗，便使用自動筆、魔擦筆書寫筆記。

但是，當他們逐漸習慣了瞬讀式筆記術的寫法後，就會慢慢改用粗字筆或自來水毛筆來做筆記。

而這樣的改變，使他們的筆記展現出令人驚嘆的豐富想像力，這樣的人我見過很多，數也數不完。

我想他們大概是被手上那枝「不能擦掉的筆」啟動了開關，因而有了要做瞬讀式筆記術的覺悟。此時，他們的心裡不再把失誤當成是一種失敗。

如此一來，人生觀也就隨之改變。

那些老是自我否定的人，會漸漸開始肯定自己：「我這麼做沒有問題。」

寫筆記時，唯有「自己的想法」才能當作基準，根本無需考慮別人的想法。當你在筆記本上盡情地展現自己時，原本束縛著你的框架便會自然脫落，進而在現實的生活中活出自己真實的模樣。

每當見到學員們的蛻變，我就會感到無比的喜悅。

利用直向的「方格筆記」輕鬆描繪筆記插圖

若要用瞬讀式筆記術來寫筆記，我建議大家使用A5大小的筆記本。

A5尺寸的紙張，是列印常用的A4尺寸紙張的一半大小。

寫筆記時，我們會希望運用A4紙張的大空間，當然用A4橫翻筆記本也可以，但這麼大本的筆記本顯然攜帶不便。**由於A5筆記本翻開來後，其跨頁等於一頁A4尺寸，所以是我們的最佳選擇。**A5是多數書籍的基本格式，也是相當輕便易攜帶的大小。

橫翻筆記本有兩個優點——「人類的思考方式會受到眼睛結構的影響（雙眼是並排在臉上）」、「橫向排列的文字和圖片，能讓人瞬間理解整體筆記內容」。

・五公厘的方格最適合

我推薦大家使用方格筆記本來進行瞬讀式筆記術。**因為縱橫交錯的線條可以發揮引導作用，讓我們更容易畫出訴諸視覺的插圖和圖表。**

比方說，笑臉符號雖然只是在一個圓圈中畫出眼睛和嘴巴，只要想畫，大家都畫得出來，但其實圓圈的形狀很容易畫歪。

如果畫在方格筆記本上，就可以參照縱橫交錯的線條，輕鬆畫出一個長寬相等的圓圈。

不擅長繪畫的人，多半都畫不好○、□、△等基本圖形，因而感到有壓力，但只要善用方格筆記，就能順利畫出這些圖形來。

方格筆記本有助於我們彌補自己的不足之處。

目前市售的方格筆記本，大致上是以五公厘的方格作為標準，我認為這個尺寸最好用，大家可以好好利用。

・不要限制筆記的頁數

閱讀筆記通常是看完書之後才寫，因此可以利用一個大跨頁（兩小頁）完成筆記。但是，在不知道主講人會說出多少內容的情況下，例如上課或參加講座等等，就沒有必要勉強自己用一個大跨頁完成筆記。

如果限定筆記的頁數，就必須設法在有限的頁面中進行編排，結果是每一頁都擠了滿滿的內容。

寫筆記的時候，還要擔心主講人可能會說太多，自己無法將重點全寫進一個大跨頁中，這很可能導致寫筆記時不夠專注。如此一來，寫筆記就變成一種壓力，使得自己愈來愈不快樂。

而且，之後再回頭複習時，情況就和擠滿了文字的筆記一樣，一點都看不下去，那就失去了寫筆記的意義。

・字寫大一點，並且充分留白

報章雜誌和網路上的文章，都會利用不同的字體大小來區分出標題、導言、副標題等部分。最醒目的標題部分，就用最大的字體書寫，而導言和副標題則使用粗體字表現。這麼一來，版面上便張弛有度，使人更容易閱讀。

瞬讀式筆記術也運用同樣的原理，依據重要度而更改字體大小。此時，方格筆記本便扮演著重要的角色。

請大家想像自己在一張空白的列印紙上，以不同的字體大小寫下一句有十個字的簡單句子，此時你會發現自己愈寫愈小字，甚至還會寫歪，無法筆直地書寫，相當不容易。

然而，方格筆記本上的方格卻為我們起了校正作用，不但文字大小錯落有致，文字的排列也清爽整齊，不會歪七扭八。

我們利用三格或四格的方格來書寫想要突顯的文字，這麼一來，之後回頭複習時，一下子就能看見它。

接下來用兩格書寫重要的文字，善用字體大小來營造畫面感，閱讀起來便會更加輕鬆愉快。

瞬讀式筆記術的學員們，很多都會用大字來寫整篇筆記。或許他們都親身體驗到，把字寫得大一些，自然而然就會讓筆記本上的頁面顯得寬鬆、不擁擠。

很重要的一點是，當你回頭複習時，筆記本讀起來「不要雜亂無章」。字與字之間留出寬鬆的距離，頁面上稍作留白，自然不會寫下多餘的內容。不寫多餘的內容便意味著只寫出要點。

換句話說，只要有意識地在頁面上留白，自己的腦海中必定也會對筆記的內容做一番歸納整理。

如果你的筆記本上有充分的留白，閱讀起來就會感到清爽舒服，這樣的感覺就像布置簡約舒適的酒店客房，沒有過多的擺飾，讓人心情愉悅。一旦體驗過這種感覺，就再也不會回頭了。

使用「粗字筆」寫字會給人強烈的視覺印象

・「粗字筆」能克制什麼都想寫的慾望

瞬讀式筆記術特別強調要用粗字筆書寫。

不可以使用普通的細字原子筆或鋼筆，因為一旦使用細字筆書寫，就會忍不住想把腦海中的各種想法全都寫進筆記本裡。

關於這一點，由於粗字筆所寫的字比細字筆的字還要大得多，自然而然就會限制我們書寫的字數。

除此之外，還要刻意「在筆記上留白」，透過這種方式，我們未來回頭複習時，一下子便能看到重點部分。

這正是使用粗字筆最重要的關鍵所在，相較於用細字筆書寫的筆記，兩種筆記本呈現出的頁面會給人截然不同的印象。

・使用水性簽字筆

由於油性筆的墨水會穿透紙張，在背面留下痕跡，因此我建議大家使用水性筆寫筆記。

簽字筆也有各種不同類型，其中有些筆尖過於柔軟，寫日文字「る」時會導致最後的小圓圈變形。請大家選擇一款筆尖稍硬的簽字筆，以防寫出歪七扭八的字來。

準備四色以上的色筆

・黑色文字，彩色插圖

瞬讀式筆記術的基本原則，是用黑筆來描寫文字和插圖的輪廓，並為插圖上色。

之所以限定使用黑筆寫字，是因為彩色的文字會分散視覺焦點，使人難以區別重要性的優先順位，因此我們才會只以字體大小來表達重要性，這可以說是瞬讀式筆記術的特點。

此外，更換手中的筆需要花一點時間，「為了避免漏聽演講內容」才會單獨用黑筆寫字。

至於色筆的部分，許多人使用日本櫻花彩色文具（Sakura）販售的可擦式色鉛筆 Coupy-Pencil，整枝筆皆由鉛筆芯製作，可以大面積上色，使用起來相當方便。

但其實不管任何品牌，只要是筆芯柔軟、易於上色的筆都可以使用。

用黑筆描繪插圖的輪廓，進一步突顯出圖片的存在感，也會更容易上色。

・習慣之後也可以使用大量色彩

為插圖上色單純是為了讓自己「容易看見」，這就是最大的理由。

我們在上一章也提過，平時眼睛所看見的東西充滿了繽紛的色彩，因此大腦早已習慣顏色的存在。

若只用黑白兩色來製作筆記，我們的大腦往往難以吸收、理解。

不僅如此，右腦最喜歡那些令人感到歡欣雀躍的事情，彩色筆記便有助於提升我們的記憶力。

在筆記當中開始使用四種顏色以後，如果後續想用更多顏色來表現，到時再增加也不遲。

不過，顏色太多可能會令人不好選擇，因此建議最多不要超過十二色。

色彩不僅可以用來表達具體的事物，也可以表現特定的心理狀態。當我們承受打擊、內心悲傷時，可以使用藍色、綠色等冷色系；感受到喜悅、歡樂等情緒時，可以使用紅色、橘色、粉紅色等暖色系來表達。

不過，如果過於堅持這種做法，可能會使筆記本充滿了藍色或粉紅色等單一色調。在筆記上均衡地使用各種色彩，才能讓我們愈畫愈有樂趣，並且在複習時能立刻喚醒記憶，成為一本「實用的筆記本」。

筆記開頭用大字填入「日期、會議名稱、對方的圖像、姓名」

・用以取代目錄

不擅長寫筆記的人常有這樣的煩惱：「我記錄的內容到底在哪一本筆記的哪一頁呢？找起來好累，真討厭！」

筆記本上的目錄標籤貼得愈多就愈難找，資料夾分類得愈細就愈煩瑣……。這是當然的啊！這種事只會消耗你的精力和時間，效果一點也不好。

與其如此，乾脆好好利用每一篇筆記前四分之一的空間，用大字寫下日期、會議名稱、對方的人像圖和姓名，這麼做反倒更容易搜尋資料。

跨頁的四分之一是相當大的空間。

可能還會有人覺得這個空間太大了。

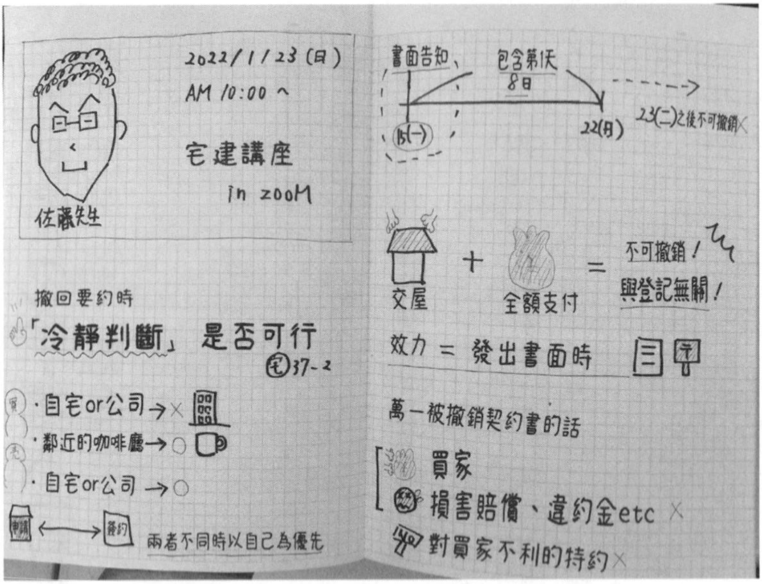

▲瞬讀式筆記的實例

但其實這個尺寸最合適。一開始的標題要非常引人注目，讓人一翻開筆記本就立刻映入眼簾。

這種衝擊力正是一份筆記最重要的地方。

・自己畫的人像圖是關鍵所在

進行瞬讀式筆記術時，我最深刻的體驗，便是「自己親手描繪的人像圖」所帶來的穩固記憶。

有些人會隨著年齡的增長而導致記憶力下滑，記不住別人的長相或名字，他們試過這種方法之後特別能感受到效果。

我們會對自己親筆畫出的人像圖留下深刻的印象，即使經過數個月、數年依然能夠記在心中。為了畫人像圖，我們會拼命尋找對方的臉部特徵，想辦法將其轉化成圖像。

在這個過程中，右腦便開始運作，因此能輕易留下記憶。

但是，如果是把對方的姓名、公司名稱、負責職務寫下來，儘管寫了再多的資訊，之後也完全想不起來。這是因為文字訊息並不能直接傳達出視覺印象的緣故。

・人像圖會拉近我們與對方的距離

當我們在描繪人像圖時，會覺得對方似乎就在自己身邊，自然而然便記住了這個人。

仔細觀察對方時，我們會發現「他乍看之下雖然是個帥哥，但竟然有很深的法令紋。」、「這個人笑起來時，眼角的皺紋看起來很親切呢！」等特徵，心中湧現親近感，進而生出好感來。

因此，看見對方的臉之後，建議大家儘早著手描繪人像圖。一旦產生親近感，就能專注聆聽對方說話長達一、兩個小時。

我自己參加講座時，有沒有從一開始就畫好主講人的人像圖所造成的差異，我便親身驗證過很多次。

結果發現，在有畫人像圖的情況下，我更能專心聆聽講座，而且記得更牢固。畫了人像圖之後，在講座進行的過程中，就彷彿是自己所畫的人在說話似的，因此會對講座內容留下非常深刻的印象。

・人像圖也能幫助炒熱氣氛

養成畫人像圖的習慣後，有些人甚至會在多次聽同一位講師上課時，描繪出講師的服裝。

有一位學員定期參加某個講座，當他描繪講師的人像圖時，發現那位講師每次都會搭配紅色的領帶。

到了講座結束後的自由交談時間，他詢問講師：「為什麼您每次總會搭配紅色的領帶呢？」講師吃了一驚：「你是第一個注意到這個細節的人！」兩人的交談使現場的氣氛變得熱絡起來。

據說那位講師已經年過六十，人生走了一甲子，希望自己仍然能精神煥發，因此才會在參加講座時穿戴著紅色的服飾。

「所以我才會戴紅色的領帶呀！」講師高興地對學員說。

想不到人像圖竟還有這樣的功能呢！

・如何分類筆記是個人的自由

需要做筆記的場合往往不只一種。

比方說，除了工作以外，有些人或許也經常有機會參加講座。

此時大家可能會感到迷惑，究竟是要依照內容為筆記分門別類，還是要把所有的筆記都寫在同一本當中呢？

無論選擇哪一項做法，都各有其優缺點。

如果依照內容分門別類，由於是依據用途進行分類，所以複習起來很方便，但筆記本的數量卻會不斷地增加，造成管理上的負擔。

如果全都寫在同一本當中，雖然能按照時間順序一一回顧，但因為沒有替內容分類，所以當我們想帶在身上複習時，就必須帶著好幾本筆記本出門，增加包包的重量。

想要以哪一個優點為優先考量，全都有賴你自己的判斷。

提醒一點，將筆記全都寫在同一本之後，最好根據內容將標題周圍的邊框塗上不同的顏色。

例如跟工作相關的塗藍色，跟講座相關的塗黃色……分別使用不同的顏色，複習時只要看一眼，就會知道筆記內容與什麼主題有關。

從網路新聞和書本中學習概括的技巧

．概括能力就是「用自己的話直接了當地說出來」

要寫出令自己記憶深刻的筆記，關鍵在於用自己的話直接了當地說出來。

關於如何在講座中具備良好的概括能力，有一位教導瞬讀式筆記術的講師說出了以下實例。

在新冠肺炎爆發以前，他和朋友去日本青森旅行，品嚐了當地的蘋果大餐。整套餐點包含了蘋果派、法式蘋果冷湯，餐點中的魚類和肉類也都利用蘋果醬料理，餐後甜點當然也是蘋果。

雖然蘋果大餐的美味程度毋庸置疑，但每道菜都用蘋果調味，讓他們受不了地大喊：「好想吃蘋果以外的食物啊！」

當時，朋友下了一個結論：「真是個蘋果地獄！」

事實上那根本不是地獄，而是像天堂般的美味料理，但所有的菜餚全是蘋果口味，吃多了就令人感到噁心反胃，對他們而言無疑就是「蘋果地獄」。那位朋友原本就是位「概括能手」，這句結論讓人再次對他的實力拍案叫絕。

・參考雅虎新聞的正文與標題的字數比例

當我想了解更高明的概括技巧時，便參考了雅虎新聞。

原來新聞中的正文與副標題的字數比例大約是九比一，這麼大篇幅的內容，副標題卻只有短短幾句，令我相當佩服。

如果懂得運用，書本也是很好的教材。

近來常見到許多書籍的跨頁排版，僅在單側頁面顯示斗大的標題，另一側完全空白。大家可以用手遮住有標題的那一頁，先閱讀文章，然後再推測這本書的標題並寫下來。

這是一種很有效的學習方式，大家不妨試著做做看。

・使用狀聲詞

「啦啦啦～」表示開心的樣子，「嘻嘻」表示心情很好的樣子，「耶——！」表示「太棒了！」……利用各式各樣的音效不但會讓寫筆記變得更有趣，也有助於概括筆記內容。即使沒有一一寫出細節，也能利用狀聲詞的音效表達出來，之後還能夠輕鬆地複習。

以下列舉幾個表示音效和狀態的好用詞語。

- 噼啪噼啪……燃燒著熊熊鬥志或妒火中燒的樣子。
- 密密麻麻……稠密、沒有空隙的樣子。
- 挺胸……神采奕奕、充滿幹勁的樣子。
- 閃亮亮……充滿希望的樣子。

讓你邊畫圖邊專心聽講的三個方法

你或許會懷疑，光聽講師說話就很吃力了，怎麼可能還同時畫插圖？

但如果能掌握接下來所介紹的三個訣竅，不但能全心全意專注在課堂上，同時還有餘力描繪插圖筆記。

①上課時與講師互動

受到新冠肺炎疫情的影響，許多講座都改用 zoom 等線上方式授課，此時，絕大多數的人會在上課時關掉鏡頭。

如果因為電腦畫面看起來不像講師，而不與講師進行互動，那實在太可惜了。

無論是隨聲附和、闡述感想、重複對方說的話都好，唯有與對方進行互動，我們的大腦才會自動認為「自己理解對方的話」。

不是因為理解對方的話才隨聲附和，而是因為附和對方才能幫助我們理解。

或許在很多人的印象裡，隨聲附和是一種體貼對方的行為，但其實這也是為了幫助我們自己，闡述感想和重複對方的話也是同樣的道理。

參加直播型講座雖然無法出聲回應講師，但在 zoom 會議室裡可以關掉自己的鏡頭和聲音，在這樣的狀態下，就可以盡情地說出自己的感想和重複講師所說的內容。就這一點而言，線上講座反而是個能讓人好好吸收講座內容的好機會呢！

②利用 5W3H 的技巧

聆聽講座時，你是否曾有過「那種事我早就知道了。」、「我才不會這麼做！」等念頭呢？

這些念頭並不是「感想」，你只是不自覺地用「自己」、「我」當作主詞，把本來應該拋向對方的焦點，全都集中到自己身上而已。

特意撥出金錢、時間、體力去參加講座，如果得到這種效果，那可就太浪費了。**請大家把焦點轉向對方，好好地聆聽對方說話。**

聆聽對方說話時，我們可以在腦海中思考以下這八個問題。

- 他做了什麼事？（What）
- 他在何時做這件事？（When）
- 他在哪裡做這件事？（Where）
- 是誰教他的？（Who）
- 為什麼他會開始做這件事？（Why）
- 他是如何做的？（How）
- 他做了多少數量？（How many）
- 他花了多少錢？（How much）

藉由這八個問題，便能降低我們的自我意識，從而保持客觀中立的狀態聆聽對方說話。在這個基礎上，我們再經過自己的一番過濾篩選，將印象深刻的內容寫在筆記本上。

③以輸出資訊作為前提

接下來我舉個例子，請大家想想看自己是否能做到。

假設我要求你觀看一部影片，內容是你目前所居住的地區介紹。

接著，影片突然開始播放，介紹該地區的人口、觀光景點、特產……等等，相關畫面一一出現在螢幕上，片長總計兩個小時，請問這段時間內你能全神貫注地觀賞影片嗎？

我想應該不可能吧。

那再想一想下面這個情況。

你來到某一場講座的會場，在講座開始之前，你所居住的地區首長現身了，他告訴你：「我們臨時決定於明年舉辦一場高峰論壇，你獲選為執行委員之一，請協助製作介紹本縣的ＤＶＤ影片。接下來的兩小時會播放影片，讓你複習一下本縣的特色，之後請你參加執行委員的會議。」

然後再開始播放影片。此時你會有什麼反應？

是不是覺得這次不像剛才那樣無聊，有整整兩個小時都無法專注了呢？

觀看影片時，你應該會帶著各種想法——自己所居住的地區是個什麼樣的城鎮？該如何向別人介紹？從什麼時候開始產生這種文化的？

這正是以輸出資訊作為前提的聆聽方式，也就是 5W3H 的聆聽方式。

「如果要由我來介紹這個故事，我會怎麼介紹呢？」在這個前提下聆聽對方說話，若能重視這一點，聽對方說話時就會保持全神貫注的態度。

只記錄「在現場才能知道的資訊」

・只記錄自己感興趣的內容

我見過許多人因為受到孩童時代的影響，而習慣把自己知道的資訊一股腦地寫在筆記本裡。

既然難得有機會好好寫筆記，不如把心力放在更有價值的事物上，在筆記本裡寫下只有到了現場才能知道的資訊。

這種做法肯定會讓你躍躍欲試，對現場資訊進行一番精挑細選後才寫下來。

面對那些剛開始接觸的資訊，也許無法當場就了解意思或理解其脈絡，遇到這種情形，請先寫下自己感興趣的內容就好。

・用自助餐吃到飽的心態來篩選資訊

那些不寫也無所謂的資訊，不妨完全捨棄。

用自助餐吃到飽的心態來寫筆記，或許是個不錯的做法。

去自助餐吃到飽餐廳時，你通常會怎麼做呢？從頭到尾把所有的料理都塞進盤子裡，將食物堆得像山一樣高，企圖稱霸餐桌，這是不可能的任務。

「這道菜不吃也沒關係！」一般人應該會像這樣放棄某些料理才對。

就算都拿自己想吃的食物，也不會把盤子裡堆得像山一樣高，而是在盤子裡留一些空間，把容易入口的料理各取一小口，擺地很美味的模樣裝在盤子裡。

寫筆記也是如此，沒有必要從頭到尾完整地記錄所有的資訊。

如同擺在自助餐盤子裡的小份食物一樣，大家不妨把想知道的資訊簡單扼要地記下來，並且在筆記本上留白，使版面看起來乾淨清爽。

第 3 章

一秒看一頁，光用眼睛就能複習

「瞬間記憶法」

與其花一小時仔細閱讀，寧可一分鐘看一次，反覆看三次

・人是一種「遺忘的生物」

上一章說明了瞬讀式筆記的寫法，本章要向各位解說筆記的複習方式。

瞬讀式筆記不是被動型筆記，而是要求你主動選取必要資訊，並且記住這些資訊所做的筆記。為了讓自己能隨時回頭複習，因此寫筆記時會搭配圖片，以淺顯易懂的方式加以編排。

瞬讀式筆記的複習方式，基本上是「看一眼就回想起來」。

無論是讀書或者複習筆記，大部分的人都很重視要好好細讀每一頁、認真讀完一本書。

但是，這種方式所得到的知識究竟能不能真正內化為自己的東西呢？恐怕絕大部分都記不住吧。

每個人應該都曾有過「明明拼死命地記熟了，一遇到考試卻想不起來。」、「最近覺得原本記住的東西都從腦袋裡消失了。」之類的經驗吧！

遇到這種情況，你會不會責怪自己「太健忘」或「記性差」呢？

可是，這絕對不你的錯。我們之所以逐漸遺忘本該記住的事物，是因為人類的大腦「本來就是這樣設計的」。

人類原本就是容易遺忘的生物，「遺忘」其實是人類大腦的預設值。儘管我們再怎麼想記住，在正常情況下絕對都會漸漸忘記。

圖表2是德國的心理學家艾賓浩斯於十八世紀末所做的一項關於記憶的實驗，該實驗發現了「遺忘曲線」。

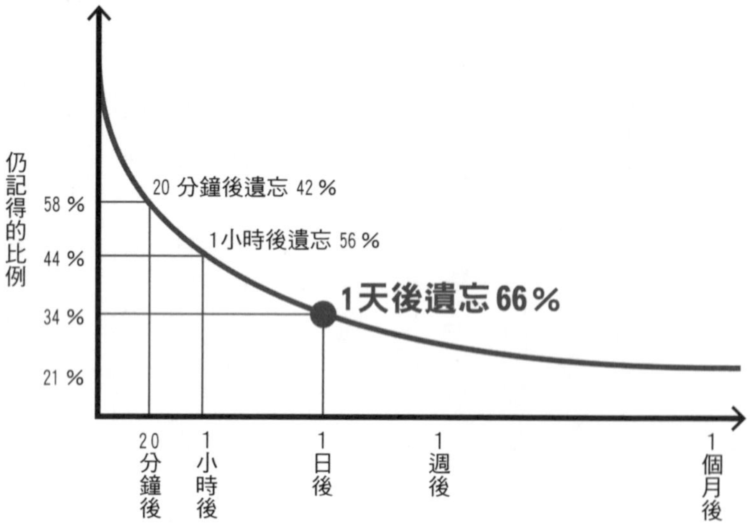

▲圖表 2　艾賓浩斯的遺忘曲線

圖表中顯示，隨著時間的流逝，學會的知識便呈指數函數消失。經過20分鐘後遺忘42%，一小時後遺忘56%，一天後遺忘66%……遺忘的數量逐漸增加，經過一個月後甚至遺忘了79%。

這麼看來，我們記不住事情是相當合理的。

・「1分鐘×10次」的效果大於「認真複習1小時」

既然我們的大腦這麼健忘，花時間複習是否在浪費生命呢？

與其如此，不如準備一份可

以快速複習的筆記多翻看幾次，這麼做的效果遠大於傳統的方式。簡而言之，就是在「快要忘記時重新記憶」，並不斷反覆這個過程。

這麼一來，記憶就會牢牢地烙印在我們的腦海中。

大家想想，比起偶爾遇見的人，你是不是會對見過多次的人更有印象呢？

例如有個人固定來公司賣乳酸飲料，你每週都會見到他一、兩次，雖然沒有特別與對方交談，但應該還是記得這個人。

相反的，另一個人則是一年只見一次面的銀行專員，他的存在感就很薄弱，甚至讓人想不起來，像這種情況屢見不鮮。

為什麼會發生這種情況呢？因為大腦會依據短時間內和同一個人、同一件事、同一場景的接觸頻率，來判斷自己是否需要這些資訊。

而這一點，正是我們為何得在短時間內大量重複相同資訊的重要根據。

一年只見過一次面的人，由於接觸的次數過低，大腦便判斷這個人的資訊是不必要的，於是便從記憶中刪除。

另一方面，在短期內接觸過好幾次的人，大腦便會判斷對方是「重要對象」。若能理解大腦的機制，即使見一面的時間非常短暫，一定也要儘快再見面，才能加深對方的印象。

讀書考試也是同樣的道理。就算高中一年級時用功讀書，如果學過之後便不再複習的話，到了即將考大學的高三時期，不可能還記得高一學過的知識。

那麼，高三學生是如何記住從前學過的知識，並突破大考的關卡呢？這是因為在學校不但經常有考試，使學生們有機會回憶學習過的內容，而且還會在夏季講習[10]或冬季講習[11]時要求學生學習相同的課程，每次都有機會反覆地複習。

大家常說複習很重要，那是為了「在遺忘之前重新記憶」。不斷反覆這個過程，就會形成「永久記憶」。

重點不在於花了多少時間複習，而在於頻繁的接觸次數。因此，比起「認真複習1小時」，「1分鐘×10次」更加符合邏輯。

瞬讀式筆記將我們所學的內容轉換為圖像，並概括為簡約的文字，能讓我們在短時間內進行多次複習，是最理想的學習方式。

・用固定的速度翻閱筆記

瞬讀式筆記的複習方式，先不管是否能讀懂，最重要的關鍵在於用固定的速度迅速翻閱。

重點是「限定翻閱的時間」。

10 日語為「夏期講習」，即補習班利用暑假時間（7月中旬至8月中旬）為學生開設的密集課程。

11 日語為「冬期講習」，即補習班利用寒假時間（12月下旬至1月上旬的兩週時間）為學生開設的密集課程。

迅速翻閱筆記本時，即使當下想不起來或者看不懂，也不要為了想搞清楚而一直盯著筆記複習。

這不是瞬讀式筆記的目的，我們之所以特意畫插圖、歸納重點、改變字體的大小、利用不同顏色的效果，就是為了在看到筆記的剎那回想起自己記錄的資訊。

因此，請快速地翻閱筆記頁面，用眼睛掃過內容。

這沒有嚴格的時間規範，若一定要給個數字，大約是一個跨頁看一秒鐘較為理想，但在熟悉之前，可以將筆記切分為上下左右四個部分，依照左上↓左下↓右上↓右下的順序各分配一秒鐘，迅速地掃讀過去即可。

建議大家在腦海中數著1、2、3、4的韻律，隨著節奏好好地熟悉這種快速複習的方法。

利用「零碎時間」複習有助於提升專注力

．短時間更能集中專注力

利用空閒的零碎時間快速地複習瞬讀式筆記，效果非常好。

人的專注力有其極限，學校裡一堂課的時間長度就到達了這個極限，小學生大約是40～45分鐘，大學生也只有90分鐘。

話雖如此，但我們的瞬間專注力遠比上述時間短得多。我個人認為真正能發揮專注力的時間大約只有5分鐘左右。

前些日子，我讀了一位日本女性小提琴演奏家的文章，忍不住拍案叫好：「一點也沒錯，我所說的『專注力』就是這麼一回事！」她和我的想法不謀而合。

那位女演奏家名叫廣津留董，她兩歲開始學習小提琴，高中時期獲得國際音樂大賽的最優秀獎，而後就讀於美國的哈佛大學及以古典音樂著稱的茱莉亞音樂學院，並且以第一名的成績先後從這兩所學校畢業。

廣津留董出生於日本大分縣，從小學到高中都在當地的公立學校就讀，她從小便受到母親的影響，非常重視時間管理的能力。

這種時間管理的核心思想在於『五分鐘的成果』，她繼續解釋道：「如果把一個小時切成五分鐘的小單位，就能完成十二件事情。」

廣津留董的母親想必非常清楚五分鐘的專注力能發揮出最大的效益。

如果習慣了瞬讀式筆記的複習方式，一秒鐘就能讀完一個跨頁。即便有六十個跨頁，也僅需一分鐘就能全部完成。你只要用短暫的休息時間快速地翻閱筆記本，就能在極度專注的狀態下反覆複習。

因為短時間就能複習，像是在通勤的電車上、午休時間、到洗手間放鬆一下時，都可以多多利用這種零碎時間展開行動！

．在客廳裡趁著電視廣告時間進行複習

我曾詢問過瞬讀式筆記術的學員：「你們都用什麼時間複習筆記呢？」

那些經常複習的學員當中，有不少人這麼回答：「我把筆記本放在客廳裡隨手可得的地方，趁著電視廣告的一小段時間看筆記本。」

事實上，「廣告時間」非常適合拿來做複習，「在節目繼續播放之前」、「在下一個節目開始之前」的這段時間能輕鬆轉換心情，也很容易集中注意力。

此外，決定在「廣告時間內」複習也有很重要的意義。當然，這並不限於廣告時間，你可以自行設定為「1分鐘」、「3分鐘」或「5分鐘」來進行複習，不管設定幾分鐘都可以，關鍵是「在設定的時間內看筆記」。

「如果有十分鐘，那就複習十分鐘。」這麼做完全沒有問題，重點是要養成能在短時間內專注複習的習慣，而不是「有時間才複習」。

聽到電視中傳來的聲音依然能專心做事，這本身就是非常好的訓練。

請大家想一想，考試現場除了自己之外還有許多人，即便沒有人說話，也會有各種聲響。

想要在寂靜無聲的環境中參加考試，那是不可能的任務。

在窸窸窣窣的聲響中，我們必須專注在自己身上，並且發揮出最佳實力。

因此，我經常跟自己補習班裡的學生說：「去嘈雜的地方讀書吧！」

實際上，在客廳裡讀書的孩子確實能拿到比較好的成績。他們會聽到媽媽在廚房裡操作杯碗瓢盆的聲音、弟弟妹妹玩遊戲時發出的尖叫聲或歡呼聲，在這樣的環境下，他們依然能專注地讀書。

大人也是一樣。

在自己家裡安靜地複習固然也不錯，但不妨試著到咖啡廳或平價餐廳、電車月台等嘈雜的地方讀書，這樣才能鍛鍊自己的專注力。

・培養多工處理能力的時間術

當你習慣瞬讀式筆記的複習模式後，就會對自己可以在短時間內完成如此多事情感到驚訝。

如果真的能做到，那就太好了！你一定是掌握了高明的時間管理技巧。

在此，我來說明一下自己獨創的時間管理術。

我建議大家以15分鐘為單位劃分時間。請注意，劃分時間的單位既不是1個小時，也不是30分鐘，而是15分鐘。

比方說，在多數情況下，一般人會將開會時間設定為1個小時或1個小時半，但我會刻意設定為「1小時15分鐘」。

因為「15分鐘」這種不上不下的數字，會提醒大家「在預定時間內結束會議」，使會議能快速地進行。

約會時也一樣，不要剛好約在11點整或11點半這種時間，而應該約在「11點15分」見面，這麼一來，無論是自己或對方都絕對不會遲到。

打扮自己的時間和做家事的時間，也以15分鐘為一個單位。

準備出門的時間是15分鐘，晾衣服的時間也是15分鐘，準備晚餐的時間也定為15分鐘。

照這樣計算下來，一個小時就能完成四項任務，但我後來又在每15分鐘內再「＋1」項任務，於是15分鐘便能完成兩項任務。

雖然這麼做似乎顯得有些匆忙，但出人意料的是，這種做法提高了我的工作動力，事情也以驚人的速度快速推進。

若能一直保持這個習慣，自然就會具備多工處理能力。

如何擺脫瞬讀的大敵「朗讀」

・將視線固定在筆記的正中央

閱讀文章時，許多人往往會在大腦中「朗讀」。

雖然沒有實際發出聲音來，卻仍在自己的腦海中一個字一個字讀，彷彿唸出聲般地朗讀文章。

然而，這種閱讀方式會使我們撞上一堵「時間之牆」。因為不管唸得再快，都有物理上的限制。

即便是像播音員那樣專業的聲音工作者，1分鐘最多也只能唸1800～1900個字，普通人則是400～800字，大約是1、2張作文稿紙的長度。

假設一本書總計有10萬字，以播音員的速度大約需要花費60分鐘，普通人若以每分鐘400字的速度計算，就要花上250分鐘，也就是4個小時以上才能讀完一本書。

但是，只要停止朗讀，並且切換成瞬讀模式，1分鐘所閱讀的字數一下子就能竄升至播音員的兩倍，即3600字。

10萬字的書只需30分鐘就能閱讀完畢。

‧將每一頁視為「面」理解

想要迅速閱讀書中的內容，就不可以在腦海中「朗讀」。

停止用「點」的方式去理解每一個文字，而是將每一頁視為整體的「面」。

相較於閱讀10萬字的書，這種做法應該更適合運用在瞬讀式筆記上。

這個方法的訣竅，便是將視線固定在頁面的正中央。這麼一來，一整頁的範圍都會落入我們的視線之中。

事實上，大家平常已經在不知不覺中運用了這種方法，例如到餐廳裡看著菜單點餐時便是如此。

你應該不是刻意從左上角開始一一往下讀吧？而是快速地看一下整份菜單，然後下意識地判斷出「這裡是主菜」、「這是配菜」、「這一區是甜點和飲料」。

大家可以把這兩者想成是同一件事。

要順利地將視線固定在頁面的正中央，首先要放鬆身心。

帶著輕鬆愉快的心情，不要將筆記本拿得太近，保持一定程度的距離觀看。

不要凝視細節，而是宏觀地看待整體內容。

認同自己的做法

瞬讀式筆記術所花費的複習時間，每個人均有所不同。

雖然沒有硬性規定要「一秒鐘讀完一個跨頁」，但學過這種筆記術的人都表示，自己馬上就能看完一遍，很容易在腦海裡留下印象。

寫在筆記本上的內容，原本就是自己需要的資訊，是自己想要反覆接觸並加以內化的知識，最重要的資訊全都塞入一本筆記本當中了。

筆記本要選擇方便隨身攜帶的尺寸，複習時只要迅速翻頁就能夠完成。不管是30跨頁還是50跨頁，只要看一眼，所有的內容便盡收眼底，一眨眼的工夫就能複習完畢。

家裡有孩子的學員告訴我，因為瞬讀式筆記畫了許多彩色插圖，孩子對此相當感興趣，常常詢問：「這是什麼？」如何向孩子簡單地說明筆記內容，對自己來說也是很好的學習。

複習瞬讀式筆記，是一件令人感到輕鬆愉快並願意持之以恆的事情，建議大家一定要嘗試看看！

第 4 章

瞬讀式筆記術「讀書筆記」篇

在教科書裡寫下重點

・不用當場寫筆記

本章會說明成人準備證照考試時，該如何做讀書筆記以及活用筆記的方法。

前面我們已經討論過，參加講座時在現場寫筆記的方法。

但提及證照考試，那可不是「僅僅在自己心裡留下深刻的印象就能記住」。依據證照考試的難度，我們必須記住非常繁瑣的內容，因此寫筆記時就需要有不同於以往的做法。

凡是證照考試，總是搭配著標準教科書，教科書中歸納了通過證照考試所需的必要知識。

在完成考試範圍的學習之前，請先以教科書為主，將讀書筆記暫時擱置一旁。

上課時，將重點寫進教科書當中，記錄的標準如下列兩點。

1．老師解說的內容在課文中看不到。

2．教科書中難以理解的部分，經過老師的解說之後才能理解的內容。

·活用教科書上的空白處

基本上，我們會利用教科書的空白處來寫重點。但還是有些教科書的空白處較少，或者是需要在教科書中補充大量的說明。

遇到這種情形，請事先準備好活頁紙或列印紙記錄重點，之後再用膠帶或膠水黏貼在教科書上。

·積極使用各種插圖和色彩

把重點寫在教科書上時，遇到能畫插圖的部分就盡量畫得仔細一些。

根據學生表示，塗上顏色能幫助我們更容易理解。但如果老師的語速較快，來不及變換顏色時，只要把老師說「這裡常考」的地方用色筆上色，之後複習起來便會輕鬆許多。

．用教科書來了解概況，用考古題確認「自己的弱點」

掌握自己即將參加的考試內容概況，這一點非常重要。而考試內容便簡明扼要地被濃縮在教科書裡，我們再將上課時的重點寫進去，教科書裡便充滿了必要的知識。

這本教科書，是你為了突破考試而替自己量身定制的教科書，世上獨一無二。

一般而言，證照考試通常會分好幾個科目，考生便依照考試科目上課。課程結束後，如果在教科書裡做了重點筆記，請在腦海中疏理該科目需要注意的要點，反覆複習教科書。

當你對教科書裡的內容熟悉到某種程度之後，接下來就可以進入考古題的階段。

不過，就算不太記得也不要緊，很多人仍會著手開始寫考古題。如果在這個階段太過焦慮，很可能會因為操之過急而失敗。

不必著急，踏實地穩步前行，最終關鍵在於考試當天能夠解決多少個題目。只要在考試當天發揮出自己的最佳實力就行了，請大家謹記在心。

製作歸納型筆記

・以「考古題錯三次」為標準

製作歸納型筆記的目的，是為了「解決從前不懂的問題＝加深對相關知識的理解與記憶」。

報考證照測驗時，多寫考古題能使我們具備解題的實力。不管多麼熟讀教科書，一開始寫考古題時，正確率都不高。如果此時就把解不出來的題目全都整理到筆記本裡，便得花大量的時間製作筆記。

我經常告訴學生：「只要把答錯三次的部分寫在筆記本上就好。」

第一次答題若有50％的正確率，就算是十分厲害了。相對之下，把答錯的問題做個記號，了解自己為什麼會答錯，這遠比答題更重要。

請先在答錯的題目前用黑筆畫記，證照測驗的考古題通常會搭配解答和解說，請仔細閱讀解說，並和教科書進行對照，好好地理解考題內容。

間隔一段時間後針對錯誤的題目再做第二次，如果有時間，也可以將這一回考古題再重寫一次。有時會出現第一次偶然寫對，第二次卻寫錯的題目，這就是自己的知識不夠扎實的證據。此時，要再次對照教科書閱讀題目的解說，明確了解自己為何會寫錯，有哪些地方想偏了。

請在第二次答錯的題目前用紅筆畫記。

然後再間隔一段時間，嘗試第三次解題。

自己有信心確實能夠答對的題目，這次也可以略過不寫。請把第一次、第二次都答錯，或者是第二次有畫紅色記號的題目，重新再寫一次。如果第三次能答對，那就沒問題。到了第三次還能記得的內容，基本上就可以維持長期記憶了。

反過來說，如果到了第三次還記不住，那便是要特別注意的問題點。請在答錯的題目前用藍筆畫記，並把這些題目整理到筆記本當中。

．不要強行將一個主題整合在一個頁面上

如果反覆練習三次考古題，依然回答錯誤，那就表示自己對那些題目根本不能理解，或者理解程度很淺薄。

這部分應該要整理到筆記本上作為攻略目標，此時最重要的是「不要強行將一個主題整合在一個頁面上」。

「如果字體太大，筆記本的頁數就不夠用了。」、「空白部分減少一些會更好。」……大家不必在意這些支微末節的小事，就抱持著「不管寫多少頁都行」的心態來寫筆記吧！

分別善用教科書和歸納型筆記

・歸納型筆記不是教科書的複製品

總而言之，一提到歸納型筆記，似乎有許多人會在潛意識中認為「應該寫得工整漂亮」。不知道為什麼，我經常見到有些人幾乎是原封不動地照抄教科書當成筆記。

但是，那麼做一點意義也沒有。

教科書和歸納型筆記的功能根本是天差地別。

教科書是用來掌握整體的脈絡，讓我們知道每一門科目的重點在哪裡。

利用教科書學習，我們很難辨別出自己是否真的理解了書中所寫的知識。

擔負辨別任務的是題目本。

寫了題目本之後，答對的題目表示自己已經理解了，而答錯三次的題目便是我們仍不理解的部分，藉由這種方式，我們才能辨別自己的能力。

・經由思考後寫出的「弱點攻略筆記」是最強的參考書

透過製作筆記，可以將自己不理解的部分＝自己的弱點，全部彙整在一起。

進一步而言，製作筆記時會在腦海中詳加思索，經過一番過濾篩選後，才使資訊進入圖像化的階段。

在製作筆記的過程中，由於我們會把正確的知識轉化成自創的圖像畫下來，因此很容易在腦海中留下深刻的記憶。

用這種方式所做的筆記，對我們而言便是世上最強的無敵參考書。

因為它彙集了我們所犯的錯誤，以及現在最需要理解的部分，可說是一本「弱點攻略筆記」。

特別是到了考試前夕，我們做過的題目本增加許多，很多人會因此而搞不清楚自己該怎麼讀書，如果先做好這麼一本筆記，到時候只要看這本筆記就能達到複習的效果了。

我的學員當中，有人曾在證照考試前與同學一起組織讀書會，其他人會製作問答卡幫助背誦，而這位學習過瞬讀式筆記術的學員記住的內容最多。

當其他人看見這位學員的筆記時，都大感驚嘆：「竟然有這種學習方式！」

不用說，這位學員最後當然合格了。

準備證照考試時，最重要的一點是「鎖定教材」。我明白大家因為心中不安而想廣泛涉獵的心態，但這會造成反效果。胡亂地擴大學習範圍，結果將導致一切都半途而廢，學習不夠深入。

與其如此，倒不如專心致志地鎖定一份教材就好。

無論是大學升學考試還是證照考試，都沒有必須考滿分的規定。只要取得最低錄取分數，都能算是合格。

尤其是證照考試，並沒有嚴格限制錄取人數（或許也有例外），因此我們的目標不是一百分，而是重視答對率高的題目，確實解決那些「絕不能出錯的問題」。

讀書筆記就是最適合培養「實力」的教材。

許多通過證照考試的學員們都表示：「最好的教材就在這裡，我就是用這樣的心態寫讀書筆記，考試當天也只帶著讀書筆記去考場複習。」

・透過故事化並深入問題本質來提升論述能力

此外，也有學員表示，自從了解這種筆記方法後，就更擅長寫申論題了。選擇題只要畫記就行，人人都會寫，但遇到必須用自己的話來說明的申論題，便令許多人感到頭痛。

提到論述能力，這也是「透過自己的過濾篩選後所製作的筆記」才有的一大優點。在製作筆記的階段，一旦消化吸收了相關資訊，就能轉化為故事的形式加以理解。這不但有助於我們的記憶，更能掌握問題的本質並靈活運用，進而用自己的話寫出來。

有些考試甚至還要求面試，我的學員在面試時，無論被問到任何問題，都能立刻提出自己的見解與答案。

將製作費時的圖表直接列印貼上

・別太堅持要「自己寫」

當你打算製作一份歸納型筆記時，心態上很容易覺得「這也很重要」、「那也不能或缺」，結果一不小心就寫了太多內容。

尤其容易陷入「寫下來就能記住」的思維，於是便把複雜的圖表直接放進自己的筆記當中。

但是，這其實一點意義也沒有，請不要這麼做。

「寫下來就能記住」不過是個幻想罷了。或許真的有人可以靠著書寫就記住，但這對多數人而言是很困難的事。

看見筆記時所感受到的衝擊才是關鍵，有衝擊力的內容才能在人類的腦中留下記憶。反過來說，沒有衝擊力的內容，我們就記不起來。

一份鉅細靡遺的圖表正是「沒有衝擊力」的代名詞，因此沒有必要特意手寫。

儘管如此，不少圖表會列出細項供我們進行比較，很多時候這有助於我們的理解，也有一些圖表很適合放進歸納筆記之中。

在這種情況下，就把圖表複製後貼入筆記本中。

請大家節省不必要的精力，有效地利用時間。

繪製人臉插圖

‧掌握人臉上的三個特徵就能畫出來

證照考試的題目，有時可能會是某一專門領域的歷代重要人物。這種情形最適合用插圖表現，因為在描繪人臉的過程中，自然會記住這個人。

人臉若要畫得傳神，不妨揀選對方臉上的三個特徵，依優先順序描繪。

臉部特徵：

- 臉型的特徵（圓臉、方臉、長臉）
- 五官是向內集中或向外分散
- 大眼睛或小眼睛
- 眼角是上揚或下垂
- 眉毛是濃密或稀疏

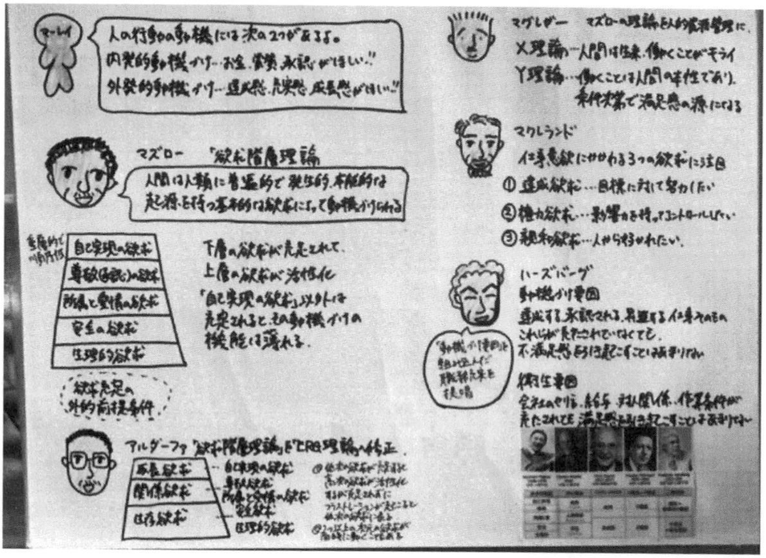

▲「讀書筆記」的範例

- 眉型是上揚或下垂，抑或弓形眉。
- 大鼻子或小鼻子
- 高挺的鼻子或塌鼻子
- 大嘴巴或小嘴巴
- 厚唇或薄唇
- 長髮或短髮
- 是否戴眼鏡

請大家以上述這些項目為主，觀察要描繪的對象。

在這些項目中，選擇第一眼看見時便馬上映入眼簾，特別突出的三個特徵進行描繪。

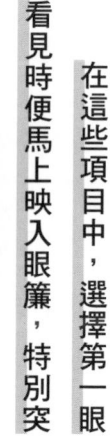

比方說，如果是一名戴著黑框眼鏡，留著一頭長髮，眉毛又粗又濃的女性，那就重現這三個特徵即可。當對方有特別明顯的特徵時，其他部分（鼻子、嘴巴等等）也可以完全不予理會。

只要專注畫出「自己看到的三個特徵」就行了。

這也是瞬讀式筆記術非常重視的一種「概括」技巧。不要想顧及所有的細節，而應將注意力集中在令自己印象深刻的特徵上，這麼做會更容易畫出人像圖。

・嘗試將可畫成插圖的部分描繪出來

將人臉畫成插圖相對容易，但證照考試包含了許多抽象內容，或許有人會覺得難以描繪成圖像。

然而，圖像化有助於保留記憶，因此還請大家多多努力。

舉例來說，日本的財務規畫技能檢定和社會保險勞務士測驗都會提出關於年金制度的題目，探討「世代扶養」的問題，也就是「用現役世代[12]的保險費支付高齡

▲「世代扶養」的插圖範例

世代的年金」，這個概念經常以上圖表示。

現今社會中，經常聽到「今後的年金就要縮水了！」、「年輕人老了以後就慘了！」的聲浪，這歸咎於少子高齡化愈來愈嚴重，現役世代的人口逐漸縮減，但高齡世代卻不斷增加，因此「少數人必須支撐多數人的老後生活」這種情況將持續發生。

12 日本的現役世代意指15～64歲的勞動人口。

上一頁的圖片便表達了這種情況。

如果不會畫人臉，也可以用畫餅人或火柴人代替，只要有個人形就足以表達了。在自己可做到的範圍內盡量畫成插圖，便能將想要的知識盡收囊中。

・嘗試模擬教學

學習完預定的內容後，不妨試著輸出筆記的內容。

用自己所寫的筆記為底稿，就好像在對別人上課一樣進行模擬教學。

將模擬教學的過程錄音後再回播，也是很棒的做法。

「自己能夠理解」與「理解到能夠教人的程度」，這兩者的完成度可說是大相逕庭。

自行整理歸納筆記

↓

看著自己的筆記，彷彿向人說明般地大聲說出來。

透過這樣的過程，你學到的知識便會固若磐石地牢記在心中，完美達成學習的目的。

第 5 章

瞬讀式筆記術
「記憶力筆記」篇

刻意使用不好寫的「自來水毛筆」才能牢記要點

・「使用自來水毛筆」會給大腦帶來刺激

大腦使用得愈頻繁，便接收到愈多刺激，進而能得到鍛鍊。

本章將介紹如何對大腦施予刺激的筆記方法。

首先，我希望各位先接受「用自來水毛筆寫筆記」的概念，恐怕有許多人並不習慣用毛筆或自來水毛筆寫字、畫圖。

筆尖柔軟的自來水毛筆，寫起字來和我們平時用慣的原子筆不同，由於我們不懂如何控制力道，便無法調整字體的粗細，要習慣它或許有些難度。就大腦機制而言，遇到迥異於平時的動作就會變得相當敏感，因此使用自來水毛筆能夠大大地刺激我們的大腦。

・字體粗大有加分效果

相較於原子筆或簽字筆，因為自來水毛筆的筆尖較粗，所以寫出來的字顯得又粗又大。

這勢必減少一頁筆記所能書寫的文字量，也會形成較多的空白，這是件好事。瞬讀式筆記術最重要的條件，便是「徹底精簡概括」和「大量留白」，光是將文具從原子筆和簽字筆換成自來水毛筆，便能達成這兩個目的。

・用自來水毛筆書寫的訣竅

自來水毛筆的出墨方式有別於原子筆和簽字筆，只要加強筆壓便能畫出粗線條，減弱筆壓便畫出細線條。

若能活用這種特性，調整橫線與直線的粗細，就能輕鬆展現出豐富的畫面。例如將橫線畫粗一點，直線畫細一點，也可以反過來，隨自己的心意變換調整。

我推薦大家使用方格筆記本來製作瞬讀式筆記，它與自來水毛筆可說是絕配。

如果只用自來水毛筆畫○，很容易畫得歪七扭八，但配上方格作為基準後，別說畫○，就連△和□也能畫得很好看。

使用自來水毛筆畫圖不但能畫得輕鬆漂亮，而且還會給人一種韻味十足的感覺。

在中高齡族群之間相當受歡迎的「手繪信」，就是用自來水毛筆畫上插圖後再著色，然後在空白處添加簡單的話語，畫面給人一種難以言喻的溫馨感。

可以這麼說，是自來水毛筆提升了整體畫面的韻味。

使用色鉛筆

·建議使用十二色

如同第二章所述，我建議大家使用色鉛筆為為插圖上色。

我特別喜歡日本櫻花彩色文具（Skura）販售的可擦拭色鉛筆 Coupy-Pencil，整體皆由鉛筆芯組成。

因為筆芯的範圍很大，所以一次可以塗抹較大面積，這就是我喜歡它的理由。尤其是使用自來水毛筆時，所畫的插圖往往面積較大，因此我特別珍愛這款可以一口氣大量塗抹的 Coupy-Pencil。

話雖如此，為插圖著色並不是非 Coupy-Pencil 不可。

如果家裡有孩子小時候留下來的色鉛筆，就拿來使用吧。

為了能夠大面積塗抹上色，請注意削鉛筆的方式，將筆芯露出較大的範圍。

基本上要準備四種顏色，等習慣著色之後，如果想要讓圖片展現更多色彩，就可以果斷備齊十二種顏色。

畫出和平常不一樣的插圖

・老是畫相同的插圖，就會失去期待感

人類這種生物，雖然追求新鮮感，卻更傾向待在舒適圈中。畫插圖時也一樣，一開始會因為「自己竟然能畫出這麼棒的插圖」而感動，但在不知不覺間卻會陷入固定的思考模式：「遇到這個場景就這樣畫吧。」

比方說，如果要將「達到目標」畫成插圖，就會畫一隻旗子插在山頂；如果是「一步一步埋頭努力」，就會畫出階梯的插圖，像這樣形成固定的樣式。

如此一來，最初的期待感便不知所終了。不知不覺間，插圖變成了千篇一律的模樣，使人不再感到興奮期待。

・當插圖變得千篇一律，我們就不會再使用右腦了

把常畫的插圖刻意用不同方式表現出來

如果在筆記上畫圖不再令我們感到快樂，就果斷遠離現在的插圖樣式吧。

請放棄常畫的固定樣式，好好思考是否還有其他的表現方式。

例如下一頁的插圖，是一位瞬讀式筆記術的講師將我說的話進行歸納整理後畫出來的，這張圖所傳達的概念是——「付費學習」會使你從「還不錯」的水準提升到「出類拔萃的人」。

一口氣飛躍的過程，他用太空人的圖像取代箭頭來表現。

此外，也有人能生動地表現出「優秀的社群不只一個，最好可以多參加幾個」的情景。

看似能與人進行良好的溝通，
實則不然
若能付費學習這項能力，
就會成為出類拔萃的人!!!

▲ 表現「出類拔萃」概念的筆記實例。從「還不錯」一口氣飛躍到「出類拔萃」的過程，那位講師不是用箭頭表達，而是以太空人的插圖來表現。

筆記本上描繪了日本動畫《神隱少女》中的「鍋爐爺爺」，那是一個擁有六條手臂、總是一個人同時多工作業的角色。

這種筆記表現方式展現出該學員的創意。

根據每個人的想法，可能會用不同的形象來表達「充滿」或「複數」的概念，例如一隻章魚拿著鐵鎚、書本等各種物品的插圖，或是太陽光向四面八方發散的畫面等等。

・如同藝人記錄笑話哏一樣，把自己的聯想寫在筆記本上

那位學員的聯想力特別優秀，於是我便請教她，如何才能聯想得又快又吸引人。

據說每當她看到有趣的插圖，就會立刻記在腦袋裡，有時會利用手機拍照，因為說不定哪天便會派上用場。

她笑著對我說：「這就像藝人總是在寫笑話梗一樣呀！」

這麼做往往使她有意識地注意「新穎的表達方式」，日積月累之下，需要的資訊便自然而然地出現在她的視野中。

曾有學生告訴我，自從開始進行瞬讀式筆記術之後，便覺得自己的天線數量增加了；而上述那位學員也表示，不管她看見什麼，總是在心裡揣摩該如何表現，這為她的生活增添了許多樂趣。

寫下自己的決心

・把想要養成的習慣寫下來

雖然寫筆記有各式各樣的方法，但多半都鼓勵人們畫出幾個框架，再將自己深有感觸的內容填入框架之中，或者寫在便條紙上再貼起來，因此很多人會覺得「非得有固定的形式不可」，這使得寫筆記的主要目的流於「記錄」。

然而，寫筆記時最重要的一點，應該是從已學到的事物中了解自己「想要養成什麼習慣」、「今後想要致力於什麼事情」。由於瞬讀式筆記術從頭到尾都是經過自己的過濾篩選後才寫下「記錄」，所以不必刻意將自己與筆記區分開來，筆記中所記錄的都是自己的想法。

不過，當我們談到決心，就是想要強調某些事情，這樣才能在一翻開筆記本

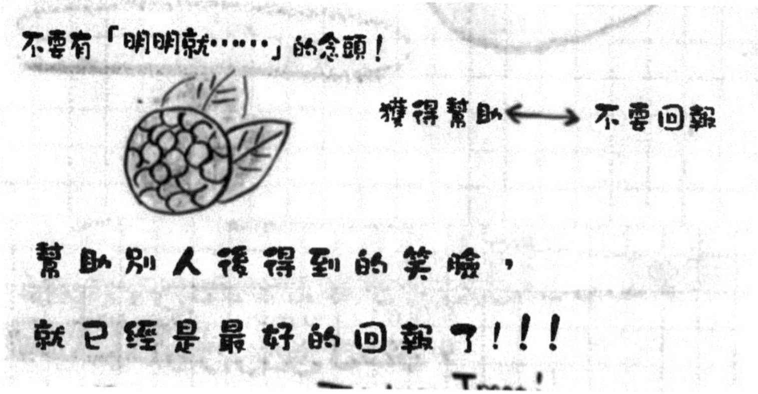

▲ 表現「決心」的示範筆記

時，就馬上看到相關的內容。

下面的例子也是講師所寫的筆記。

這位講師決心要強調「Give 的精神很重要」，於是便寫下「不要有『明明就……』的念頭」。她聽到「不求對方回報」的理念後，便想起詩人書法家相田光男的詩句。

那首詩是這樣寫的：

> 我明明就做了那麼多，
> 『明明就』只是愛抱怨。

我們幫助別人之後，便容易有「我『明明就』幫了你的忙，卻得不到回報」的心態。

自己在不知不覺間便要求別人的回報。

但是，其實我們不應該這麼想。對方因為我們的幫助而感到喜悅，這就是我們最大的喜悅了。

為了表現這樣的情境，她想到「櫟樹[13]」這種植物的果汁，於是便畫了「櫟樹」的果實，用獨創的圖像表達出自己的決心。

[13] 櫟樹的日文是「ノニ」，其發音和表示逆接用法的「明明就～」（のに）日語發音相同。

待辦事項與完成期限

・限定一兩項待辦事項

一想到未來，我們的腦海中便會浮現出各種想做的事情，什麼都想寫下來。但是，這麼做便無法全心全意地專注在真正想做的事情上，很有可能半途而廢。

首先，請將夢想中「未來想做的事」和現實中「現在自己想做的事」區分開來，接著選擇將現實中要做的事情寫下來。

將注意力集中在寫完筆記後能夠立刻實踐的事情上，這就是訣竅。

例如正在做運動的人就設定「這個練習要做〇次（〇分鐘）」、「聆聽人家說話時最少要回應五次」等等，類似這樣的寫法就可以了。

此外，在我的學員之中，有些人會要求自己「每天早上起床後一定要放聲大笑」、「每天做10分鐘的英語聽力練習」……諸如此類容易做到的事情也可以。

・設定日期

寫筆記最容易出現的情況，便是完成一份漂亮的筆記後就此感到心滿意足。因此，我們應該明確定出「何時開始做」、「何時要完成」，以確保能夠實際執行筆記中的計畫，這點相當重要。

若能實際執行計畫，便會為我們帶來成就感，提升我們的動力，甚至改變我們往後的行動。

我們之所選擇容易執行的事情作為待辦事項，也是為了要立刻投入其中。如果夢想太大，為了實現夢想，我們就得花費大量時間調查，或者抱著「總有一天會執行」的心態而延期，結果很可能一事無成。

即便最終目標遠大，也要將其細分為「三天之內一定要進行的事項」、「今天就要做的事情」等等，讓自己馬上就能展開行動。

・達成目標的喜悅由右腦掌控

事實上，我們完成任務後所體會到的成就感，全都是由右腦在處理。

左腦的工作是累積過去的資料，因此往往會指責自己做不到的事情，例如「我不喜歡讀書」、「我的運動很差」等等。

換句話說，「我想成為這樣的人」、「這種事我也能辦到！」諸如此類的期待感以及想像未來的能力，是源自右腦所產生的念頭。

設定近距離的目標，並排除萬難成功達成，這個過程將會誘發出右腦的潛力，大家不妨試試看。

第 6 章

瞬讀式筆記術
「閱讀筆記」篇

將要花時間的筆記和不花時間的筆記加以區分

・不是所有的閱讀筆記都需要花時間寫

讀完一本書之後，隨著時間的推移，我們多半會愈來愈懶得寫閱讀筆記。

話雖如此，不寫筆記的後果就是「讀完後一點印象也沒有」，這樣的遺憾將不斷地重複發生。

會想要寫閱讀筆記的人，大多都是個性認真的類型，因此總想著「我必須認真寫筆記」。

首先要請大家捨棄「我必須認真寫筆記」這種先入為主的觀念。

我們沒有必要花那麼多時間去寫每一份閱讀筆記。

因為我們並不是對每一本書都深有感觸，對於那些不那麼觸動自己的書，之後就算想寫些什麼，也會因為想不起書中的內容而寫不出來。

別說書中的內容想不起來，我聽說有些人就連以前曾經讀過這本書都忘了，於是同一本書便買了兩三次。

在繁忙的生活中，好不容易才撥出一點時間閱讀，如果不能內化為自己的東西，豈不是全都白費工夫了嗎？這種想法給人一股深深的無力感。

為了不留下這種遺憾，讀完書之後，請儘早提筆寫閱讀筆記吧！

當你讀完了一本書，就要為這本書下判斷——「我要多花點時間寫閱讀筆記嗎？還是不用呢？」

如果判斷為後者，那麼閱讀後便盡快將自己從書中所觀察到、學習到、印象最深刻的內容寫下來。

不需要多花時間，利用3分鐘、5分鐘的短暫時間快速整理思緒，就能毫無負擔地完成閱讀筆記。

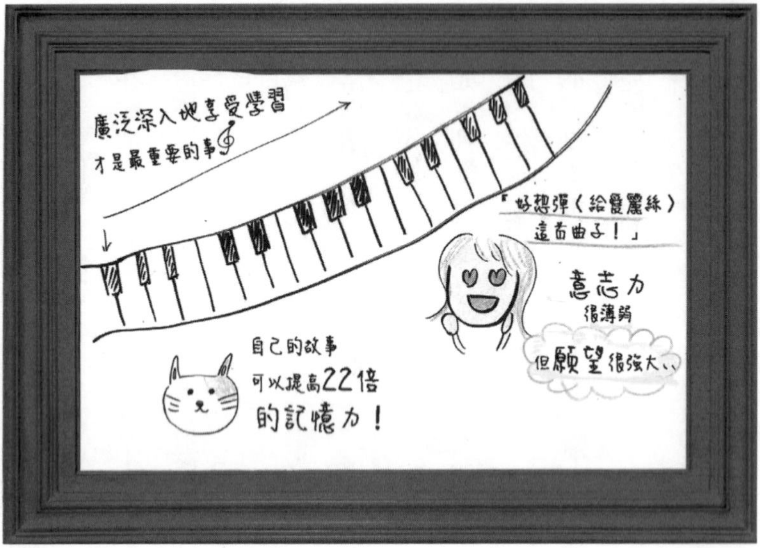

▲ 短時間內整理出的閱讀筆記

上圖是一位瞬讀式筆記術講師在短時間內整理出來的閱讀筆記。

最外側的琴弦，傳達了筆記的內容：「人類雖然意志力薄弱，但心中的願望卻有著強大的力量——『我想達成〇〇目的，成為理想的模樣』」。

那位講師想起了小時候學習鋼琴時，並沒有特別想成為很會彈琴的人，但他非常想彈〈給愛麗絲〉這首曲子，這個願望便成了他練琴的動力，於是便描繪在筆記本上。

此外，「廣泛深入地享受學習才是最重要的事！」這個觀念也在講師的心裡留下了印象，令他聯想到鋼琴那又長又寬的88個琴鍵，以及彈琴時手指深入按壓琴鍵的感覺，只一眼，就能清楚地回想起閱讀這本書時的情景。

書本裡當然完全沒有提到鋼琴，這是那位講師結合自己的經歷所想出的畫面，因此是世上獨一無二的閱讀筆記。

・把時間留給印象深刻的書

讀完一本書之後，內心深受感動並且沈浸在餘韻之中……這種幸福感是任何事情都難以取代的。

如果你邂逅了這麼一本書，我建議你花一段時間好好地寫閱讀筆記。

你可以啜飲著咖啡，靜靜地花上20～30分鐘，將自己對這本書的思緒好好地整理一下。

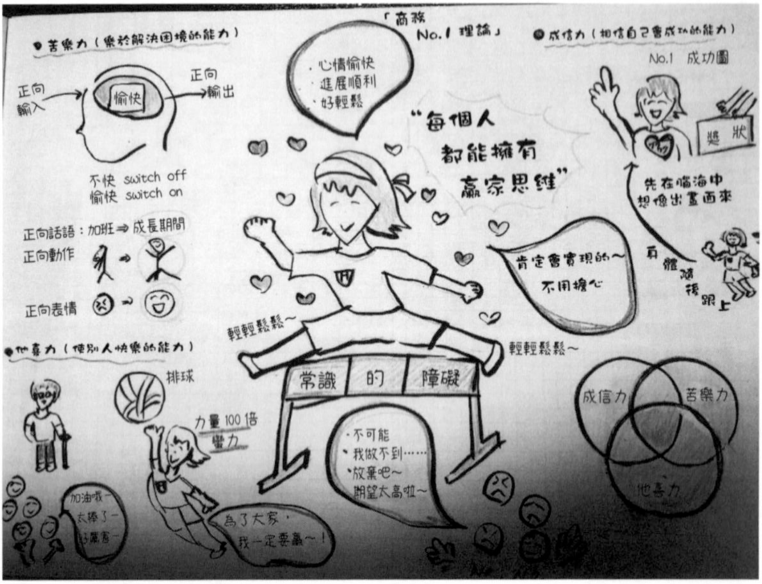

▲ 花時間好好整理的筆記 實例圖①

請注意，閱讀筆記上的文字和留白也要張弛有度，這點相當重要。

對待書本就像與人交往一樣，有時比起大家都喜歡的A，我們也許和個性鮮明的B更合得來，想當然爾，和B待在一起的時間自然遠遠超過和A相處的時間。

儘管如此，我們也不可以輕視A，這從頭到尾都只是契合度的問題。

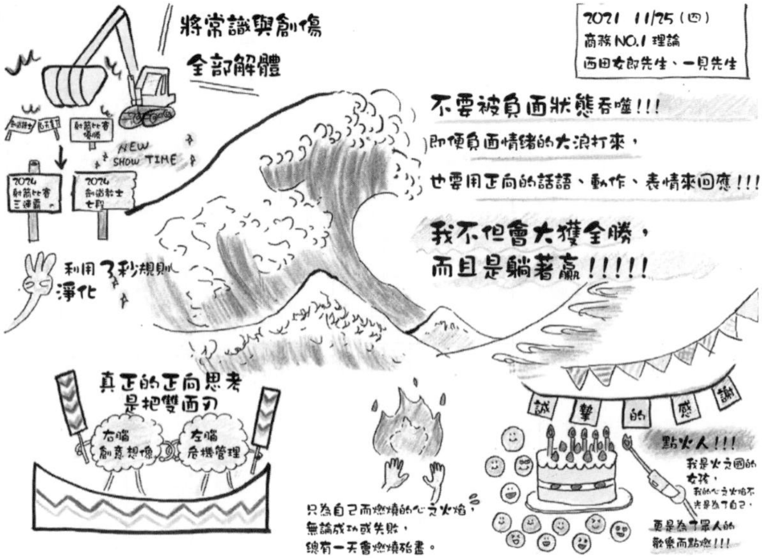

▲ 花時間好好整理的筆記 實例圖②

大家也可以用相同的觀點來看待書本。

實例圖①是一位瞬讀式筆記術的學員製作的閱讀筆記。圖中有個女孩越過跨欄，用以表達「無論遭遇到什麼困難，都能動動腦筋順利克服」的概念。

實例圖②是由前面介紹過的那位瞬讀式筆記術講師，讀完同一本書後所寫下的閱讀筆記。

「負面情緒並沒有什麼不好，即便有負面情緒，只要能以正面的話語和行為回應就行了！」他對這個想法感到特別有趣，便在腦海中想像潮起潮落的海浪，畫出大海的插圖。

即使閱讀同一本書，每個人的感觸和印象深刻的部分也都各有不同，實在非常有意思呢！

寫下閱讀日期和筆記日期

・成為自我反思的契機

製作瞬讀式筆記術的閱讀筆記時，我建議大家在左上角或右上角記錄閱讀日期和筆記日期。

寫下日期之後，我們未來才有機會對自己進行反思：「原來我當時是這麼想的。」這個步驟至關重要。

因為當我們快速翻閱自己的閱讀筆記時，往往會想再重新閱讀某些書籍，而再次閱讀以後，幾乎都有著全然不同於第一次的發現和讀後感。

隨著當時自己的心理狀態和環境變化，令我們印象深刻的部分也就不相同。

在筆記本上記錄日期，不但使我們有機會自我反思，也能感受自己的成長。

不僅記錄事實，也要寫下自己的感受

・為了自我審視而閱讀

大家是為了什麼目的而閱讀呢？是為了學習新的知識和技術？還是為了增廣見聞、提高修養？或許也有人覺得閱讀本身就是件有趣的事情，為了自娛而讀書。

就我個人而言，大部分是為了重新審視自己而閱讀。

而且，我的閱讀筆記上不只記錄事實，更著重於「自己的感受」。如果只記錄事實，那就去亞馬遜網站上閱讀別人的讀書心得便十分足夠了。

那些讀完書後依然什麼都記不住的人，大概就像亞馬遜網站上的讀書筆記一樣，僅僅是整理書本中的內容罷了。

因為他們沒有將書中的內容消化吸收成為自己的東西，所以才對書本沒有印象。

像這一類的人，與其客觀地理解書中內容，更重要的是多加思考自己的感受，並了解自己為何會有這樣的感受，做法便是對「自己」反覆地詢問「為什麼」。

如此一來，自己當下所重視的事情、思考的內容，以及自己的心情和決心，全都會表露無遺。

藉由閱讀進一步自問自答，就像在替自己進行心理諮商和指導，透過書本深入探索自己的情感。

這裡正好有一個合適的例子。圖①是學員讀了堀江貴文的《多動力就是你的富能力[14]》後所寫下的感受。

[14] 日語書名為《多動力》，由日本幻冬社出版，後由台灣的方智出版社於2018年4月出版中譯本。

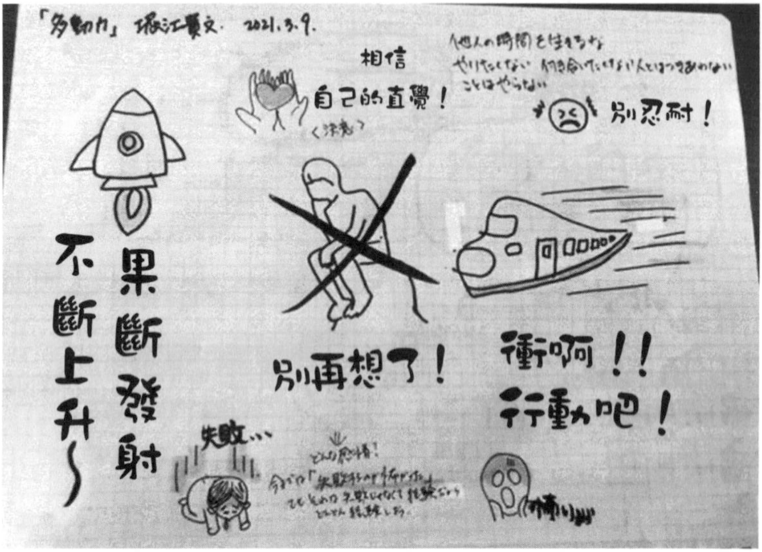

▲〔①閱讀筆記〕確實做到「行動勝於思考」的實例

寫下這份閱讀筆記的學員，是一個在行動前會深思熟慮的人，有時候想得太多，往往很難將想法真正付諸實行。

讀了這本書使他有機會重新審視自己，明白自己真正的心態，他希望對某件事採取行動，於是便寫下了這份筆記。

圖中對一個「思考的人」打×，這應該就是他一直以來的模樣。他鼓勵自己：「別再想了！衝啊！！行動吧！」並以新幹線和火箭來表達行動力。

寫了這份筆記之後過了整整一年的時間，我再次和他取得聯繫：「你還記得那份閱讀筆記的內容嗎？」他回答：「我記得清清楚楚，筆記的重點是行動勝於思考，我一輩子都忘不了。」

寫下閱讀筆記後經過了一年左右的時間，這一年當中，他真正實踐了「想做就做！」的理念。

「我不會畫插圖！」雖然嘴裡這麼說，但當他克服障礙開始進行瞬讀式筆記術，將書中印象最深刻的部分描繪成插圖，便對這個理念產生強烈的共鳴，從而改變了自己的行為模式。

畫下圖②閱讀筆記的人，心裡覺得自己雖然有很強的短期專注力，但缺乏持續力，這使他產生了自卑感。

▲〔②閱讀筆記〕鍛鍊「持續力」的實例

為了克服這個弱點，他讀了如何培養習慣的相關書籍，決定活用自己能夠短期專注的特性，先在日常生活中拒吃碳水化合物，並將想法寫在筆記本上。

我也向這位學員詢問了後續情況，他對於一年前的事依然記得非常清楚，至今仍維持著不吃碳水化合物的日常習慣。

圖③的閱讀筆記，表達作者下定決心要成為一個「蛻變的自己」。

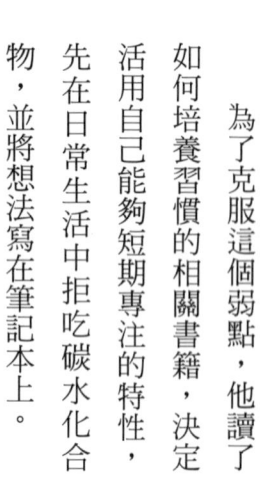

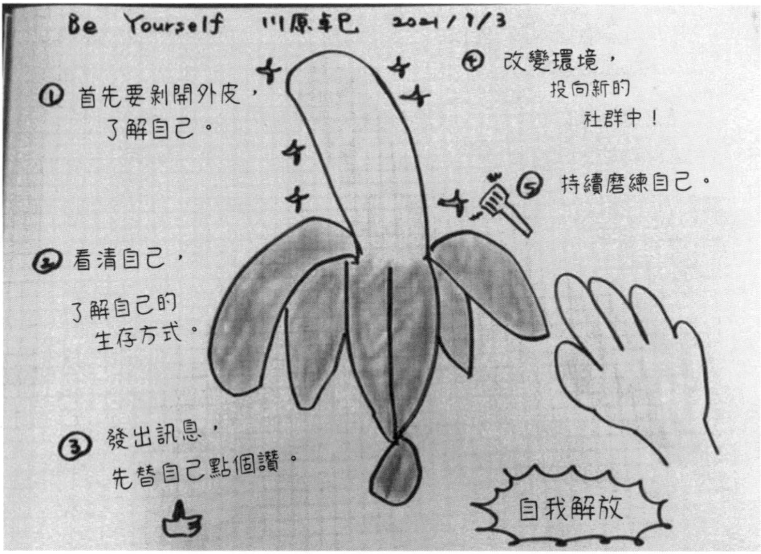

▲〔③閱讀筆記〕下定決心成為一個「蛻變的自己」的實例

剝開了外皮的香蕉顯得閃閃發亮，從內容可以感受到他強烈的決心和對自己的加油打氣，這是一份出色的筆記。

如果僅僅寫下書中的內容，絕對不可能有這麼生動的表現。

・反覆詢問自己三次

閱讀書本之後，就要仔細地確認自己的感想，我都會告訴學員：「要耐心地問自己三次！」

如果只問一、兩次，很容易

在挖掘出「為何想這麼做」的理由後，便止步於此。但如果問了三次，就能看清自己為何裹足不前的真正原因，在不知不覺間深入問題的核心，包括自卑感的源頭、來自父母的影響等等，然後才能以正面積極的心態解決問題。

閱讀的重點無關乎是否熟記書中的內容，而是在閱讀之後明白自己有什麼感想、為何會這麼想，對自己的心理狀態進行深度挖掘。

如此一來，才能看見自己今後該面對的課題。

最多只畫四個重點，把主要課題的大圖擺在畫面中央

・畫了許多圖結果卻淪為「流水帳」

我認為，閱讀筆記常見的失敗往往出於「想盡量多畫一點」的心態。如果真的這麼做，結果只會淪為描摹大綱的流水帳而已。

與其如此，更重要的其實是深度挖掘對自己而言重要的主題。因此，無論你對這本書有多麼感動，從第一頁讚嘆到最後一頁，最多也只能精挑細選出三至四個重點寫入筆記本中。

下一頁的圖片，是由一名非常尊敬石川和男的學員所描繪的閱讀筆記。他現在是一個上班族，同時也在準備獨立創業，希望自己有朝一日能像石川和男一樣同時進行多項事業。

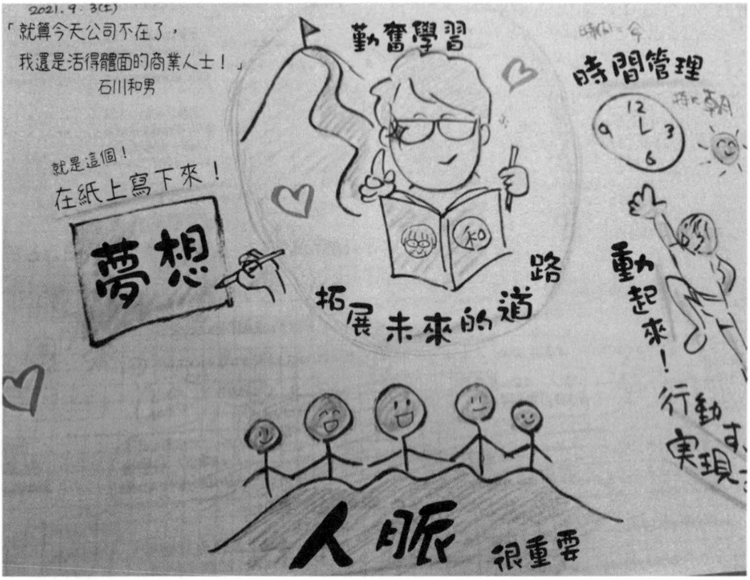

▲ 將書中的訊息和自己的夢想兩相結合的筆記

他把石川和男的相關著作中的理念與自己的夢想結合，篩選出四個重點，並寫下生動的閱讀筆記。

我覺得其中特別出色的部分，是表達「人脈很重要」的插圖。從前有一首叫做「青色的山脈」（青い山脈）的日本歌謠，他以這首歌作為發想，將人和山加以結合，畫出了這張圖。

此外，對這名學員而言，書中最重要的理念就是「勤奮學習以拓展未來的道路」，他將這個理念擺在筆記正中央的醒目位置，這也是很棒的做法。

事實上，由於這名學員本身正為了將來能同時進行多項事業而勤加學習，因此書中的這個理念使他感受到強烈的共鳴。

大家不妨也好好培養寫閱讀筆記的習慣，這對於自我審視、開拓未來都非常有助益。

結語

「瞬讀式筆記術」是改變人生的筆記法。

面對未來，你將描繪出怎麼樣的人生呢？

今後的時代，需要的是「自己能夠提出答案的人」。

不管你的知識量再怎麼豐富，光靠這個是行不通的。

當然，具備基礎知識仍然很重要。

但是，更重要的是如何將自身所具備的知識做排列組合，成為有說服力的想法，並傳達出去使其他人也能夠理解。

這是接受過基礎教育的日本人最不擅長的事情。

但是，請大家放心！我們只是沒有學過如何進行個人思考的方法而已，僅僅是因為沒有人教過我們，所以才不會，如果主動學習提出個人答案的方法，任何人都可以做到。

為此，我把相關技巧全都寫入這本書之中了。

要展開一項全新的事物，總是需要一點勇氣。

「瞬讀式筆記術」經常使用插圖等視覺方式來表達，或許會有人擔心自己的繪圖能力。

但是，你一定沒問題！

現在，有許多人天天使用瞬讀式筆記術，他們向我報告：「日子過得愈來愈開心了！」、「開會寫報告時，我能確實掌握住話題的論點，因此愈來愈懂得表達自己的意見！」

其中絕大多數的人當初都曾經為了必須繪圖而感到不安。

一旦開始做，就會知道可以使用簡單的圖標來表現，逐漸習慣繪製插圖筆記後，大家都開心地告訴我：「我能畫的東西愈來愈多了。」

看到大家獨具一格的插圖表現，我常覺得：「如果是其他人的話，大概不會想到要這麼畫吧！」我深刻地感受到，人類身上其實具備著自己沒有意識到的能力。

不管是在心裡想著「我做不到！」或是後來的「我就大膽試試吧！」，以及更進一步體驗到「嘗試以後真的做到了！」這些都是自己的感受，一切全都「操之在己」。

所以，不嘗試看看可就虧大了，不是嗎？

這種全新的體驗，肯定能帶你走向意想不到的新世界。

我自己就是個活生生的例子。

自從2018年11月《瞬讀》一書出版以來，至今為止共有四本可稱之為「瞬讀系列」的相關書籍問世。

因為受到廣大讀者的認同，讓我身為作者的人生有了巨大的改變。這次能夠出版瞬讀式筆記術的書籍，令我衷心感到喜悅。

這絕非是我憑著一己之力就能夠實現的事。

如果讀者們能透過瞬讀式筆記術真正體驗到「有志者事竟成！」，這將給作者帶來無上的喜悅。

誠摯地期盼大家今後的人生都能充滿幸福。

感謝各位閱讀到最後。

山中惠美子

國家圖書館出版品預行編目（CIP）資料

瞬讀筆記術／山中惠美子著；游念玲譯. -- 初版. -- 臺中市：
晨星出版有限公司, 2023.11
248面；14.8×21公分. --（Guide book ; 383）
ISBN 978-626-320-659-5（平裝）

1.CST：筆記法

019.2　　112016486

Guide Book 383

瞬讀筆記術

1分見るだけで頭が劇的によくなる　瞬読式ノート術

作者　山中惠美子（Emiko Yamanaka）
譯者　游念玲
編輯　余順琪
特約編輯　楊荏喻
封面設計　初雨有限公司
美術編輯　林姿秀

創辦人　陳銘民
發行所　晨星出版有限公司
407台中市西屯區工業30路1號1樓
TEL：04-23595820　FAX：04-23550581
E-mail：service-taipei@morningstar.com.tw
http://star.morningstar.com.tw
行政院新聞局局版台業字第2500號
法律顧問　陳思成律師
初版　西元2023年11月15日

讀者服務專線　TEL：02-23672044／04-23595819#212
讀者傳真專線　FAX：02-23635741／04-23595493
讀者專用信箱　service@morningstar.com.tw
網路書店　http://www.morningstar.com.tw
郵政劃撥　15060393（知己圖書股份有限公司）

印刷　上好印刷股份有限公司

定價 350 元
（如書籍有缺頁或破損，請寄回更換）
ISBN：978-626-320-659-5

1 PUN MIRUDAKEDE ATAMA GA GEKITEKI NI YOKUNARU
SYUNDOKUSHIKI NOTE JUTSU